PARERGA

Stephan Geiger

Sokrates flankt

Philosophie und andere Künste

Stephan Geiger

Sokrates flankt

Eine kleine Philosophiegeschichte des Fußballs

PAR**E**RGA

Die Deutsche Bibliothek – CIP-Einheitsaufnahme

Geiger, Stephan:
Sokrates flankt : eine kleine Philosophiegeschichte
des Fußballs / StephanGeiger.
- Düsseldorf : Parerga, 2002
ISBN 3-930450-71-2

Erste Auflage 2002
© Parerga Verlag GmbH, Düsseldorf
Alle Rechte vorbehalten – Printed in Germany
Lektorat: Martin Eberhardt, Berlin
Satz: Stefan Steiner, Köln
Umschlaggestaltung: Martin Schack, Dortmund,
unter Verwendung einer Peintage von Joachim Kupke
Herstellung: WB-Druck, Rieden am Forggensee
ISBN 3-930450-71-2

„Grundsätzlich werde ich versuchen zu erkennen, ob die subjektiv geäußerten Meinungen subjektiv sind oder objektiv. Wenn sie subjektiv sind, werde ich an meiner objektiven Linie festhalten. Wenn sie objektiv sind, werde ich überlegen und vielleicht die objektiv subjektiv geäußerten Meinungen der Spieler mit in meine objektiven einfließen lassen.“

Erich Ribbeck

Die Offenbarung eines Eröffnungsspiels

DIE ANFÄNGE DIESER ARBEIT reichen weit ins letzte Jahrtausend zurück, reichen zurück bis zu jener denkwürdigen Weltmeisterschaft 1990 in Italien. Es geschah gleich im ersten Spiel, genauer gesagt am 8.6. um kurz nach 19:54 (MEZ). Die Kameruner „Löwen" spielten im Mailänder Giuseppe Meazza Stadion gegen die hoch favorisierte argentinische Mannschaft um Superstar Diego Maradona und schlugen diese nach einer packenden Partie mit 1:0. Ein sensationeller Sieg, ein historischer Sieg, ein Sieg, der Kamerun den Weg ins Achtelfinale eröffnen sollte. Doch das eigentlich Bemerkenswerte daran war: Was Roger Milla und seine Jungs da zeigten, war richtig guter Fußball, war Engagement und Einsatz, war technische Raffinesse und pure, ungebändigte Spielfreude. Der in eingefahrenen, europäisch-südamerikanischen Fußballkategorien denkende deutsche Fernsehzuschauer reagierte auf diesen unerwarteten Spiel-Kulturschock zunächst mit ungläubigem Staunen, ließ sich dann aber mehr und mehr von der Euphorie der Afrikaner anstecken, ließ sich mittragen von jenem erhebenden Gefühl, von jener großen, unwiderstehlichen Leidenschaft für den Fußball, die er bei den hochdotierten europäischen Profi-Kickern oft so schmerzlich vermisst hatte. In diesem Moment höchsten Fußballglücks, ja mystischer Verzückung dämmerte dem Autor dieser Zeilen die Einsicht, dass Fußball ursprünglich mehr war als das ritualisierte Rahmenprogramm für Bierwerbung und Baumärkte, dass dieser Sportart ein göttlicher Funke innewohne, dass in ihr die großen metaphysischen Fragen der Philosophie ihren letzten Höhepunkt und – zumindest für 90 Minuten – ihre Auflösung finden.

Der Nebelschleier aus Unwissenheit und Gewohnheit war zerrissen, die klärenden Strahlen der Sonne der Vernunft durchfluteten sein Wohnzimmer, beschienen Fernseher, Plüschsessel und Salzstangen und noch in derselben Sekunde erwuchs ihm der kühne Plan, jener wundersamen Wesensverwandtschaft zwischen Fußball und Philosophie in einem großangelegten Forschungsprojekt nachzugehen. So machte er sich an das, von vielen Universitätsphilosophen als undurchführbar belächelte Geschäft einer historischen Darstellung der Philosophie des Fußballs in systematischer Absicht, deren sicherlich oft überraschende Ergebnisse mit dieser Arbeit der Fachwelt vorgelegt und ihrem unerbittlichen Urteil demütig überantwortet werden.

Gleichwohl sei hier ausdrücklich bemerkt, dass sich diese Arbeit auch an den philosophisch interessierten Laien wendet, und dass es dem Autor ein wichtiges Anliegen und inneres Bedürfnis ist, auch über den engen Kreis der akademischen Fachvertreter hinaus möglichst viele Menschen anzusprechen und ihnen ein lebendiges Bild von aktueller Forschungsarbeit und der überaus spannenden Philosophiegeschichte des Fußballs zu vermitteln.

Ursprünglich sollte dieses Werk pünktlich zum EM-Ausscheiden der Deutschen Nationalmannschaft erscheinen, was sich aber diverser technischer Probleme wegen verzögert hat. Aufgrund dieser Verzögerung haben sich sowohl in historischer wie auch in systematischer Hinsicht einige ganz neue Aspekte aufgetan, die, obgleich sie nicht mehr alle eingearbeitet werden konnten, hier zumindest kurz genannt seien. In historischer Hinsicht muss hier vor allem die geänderte Rollenverteilung zwischen Englischer und Deutscher Nationalmannschaft erwähnt werden (die oft zitierte Linecker-Definition des Fußballs hat ihre Gültigkeit erst einmal verloren), sowie die überaus heroischen Bemühungen unseres strahlenden Kaisers Franz der Nachwuchsmisere im deutschen Fußball auf unkonventionelle Art Herr zu werden. Doch weit einschneidender und elementarer sind die Neuansätze in systematischer Hinsicht. So hat mittlerweile der große alte Mann der europäischen Sprachphilosophie, „Sir" Erich von Ribbeck auf Ribbeck, das Verhältnis von „subjektiv" und „objektiv" in einer Weise neu bestimmt, die der deutschen Universitätsphilosophie noch Jahrzehnte zu denken geben wird (erste Habilitationsschriften sollen schon in Arbeit sein). Noch schwerer wiegen die haarspalterischen, analytischen Sophistereien von Christoph Daum, die dem Begriff des „Linienrichters" eine völlig neue Bedeutungsdimension hinzugefügt haben. In Zukunft ist jeder Trainer gut beraten, die Polysemantik seiner Worte zu bedenken, bevor er geradeheraus äußert, er habe von der Vorstellung seiner Spieler die Nase gestrichen voll. Nun, Wittgenstein würde hier wohl weniger vom Schnee, als vom „Glatteis" problematischer Sprachspiele sprechen.

Inhalt

Danksagung

ES IST EIN SCHÖNER akademischer Brauch, an dieser Stelle all jenen zu danken, die am Zustandekommen einer solchen Arbeit in irgendeiner Form beteiligt waren. Ich bedaure schmerzlich, nicht alle hilfreichen und überaus selbstlosen Geister hier namentlich erwähnen zu können, da dies den Rahmen dieses Abschnittes zweifellos sprengen würde. Ihnen allen sei jedoch gesagt: Worte können niemals wiedergeben, was sie mir in den vergangenen Jahren waren. Herausheben möchte ich nur meinen alten Freund und treuen Computer, der tapfer bis zur Abspeicherung des letzten Kapitels durchhielt bevor er völlig erschöpft seiner Auswechslung entgegenhumpelte. Mein spezieller Dank gilt ferner all jenen lieben Menschen meiner nächsten Umgebung, die das Entstehen dieser Arbeit mit großer Geduld ertragen haben, wobei ich ganz ausdrücklich meine „Doktormutter" (im Fach Kunstgeschichte) einschließen möchte, die von diesem Parallelprojekt zwar überhaupt nichts ahnt, seinem interdisziplinären gender-, body-, posthistorischen Forschungsansatz aber sicherlich Wohlwollen entgegenbringen wird. Dank gilt auch der Stephan-Geiger-Handbibliothek. Die Großzügigkeit mit der ihr Besitzer mir Zugang und Einsicht gewährte sowie die stete Freundlichkeit und allgemeine Hilfsbereitschaft ihres Personals werde ich immer in dankbarer Erinnerung behalten.

Mein ganz besonderer Dank gilt jedoch der Deutschen Fußballnationalmannschaft und der Vogts-Ribbeck-Stiftung „Für hoffnungslos heruntergekommene Fußballkünste" ohne deren tatkräftige und motivierende Unterstützung – insbesondere während der für mich (und viele andere Fußballfans) sehr harten Jahre 1997 bis 2000 – diese Arbeit *so* nicht entstanden wäre. Die monatlichen Stipendien in Form wertvoller Stil-Blüten habe ich genauso freudig kassiert, wie die Herren im Nationaltrikot die nächste Niederlage.

Nicht zuletzt gilt mein Dank allen meinen Mitspielern (und Mitspielerinnen!) der Fußballmannschaft des Kunsthistorischen Instituts Bonn, „DADA United", die mir in der schwierigen Phase der Realisierung durch ihr offenkundiges und ehrliches Interesse an meiner Arbeit moralisch zur Seite gestanden sind und mit ihren kompromisslosen Tacklings dafür gesorgt haben, dass ich den Kontakt zur Realität des Rasens auch in den spekulativsten Diskursen nie verloren habe.

Zur Textform

DER TEXT FOLGT DEN REGELN der neuen deutschen Rechtschreibung, was man von den Originalzitaten der Spieler, Trainer und Fernsehkommentatoren jedoch nicht immer sagen kann. Hier wurden, wenn nötig, vorsichtige, die historische Substanz nicht angreifende, Anpassungen vorgenommen, die jedoch nicht in jedem einzelnen Fall extra gekennzeichnet wurden. Fremdsprachige Texte wurden vom Autor übersetzt, die Wiedergabe von Zitaten folgt den „Allgemeinen DFB-Sprach-Richtlinien für Vereinspräsidenten", was so viel bedeutet wie: man kann alles sagen, nur sollte man nichts wörtlich nehmen.

Auf ein durchgehendes wissenschaftliches Referenzsystem in Form umfangreicher Fußnoten wurde schweren Herzens verzichtet, was einerseits der besseren Lesbarkeit dienen soll (das *kicker*-Sportmagazin kommt schließlich auch ohne aus), andererseits aber in der Sache selbst begründet liegt. Denn die umfassende textkritische Bearbeitung und Edition der maßgeblichen antiken und mittelalterlichen Quellen zum Fußball steht immer noch aus. Zwar finden sich in den letzten Jahren einige bemerkenswerte Vorarbeiten in diese Richtung (vgl. dazu den instruktiven Artikel „Apopudobalia" im *Neuen Pauly*, Bd. 1, Spalte 895), dennoch bleibt die Gesamtausgabe ein schwerwiegendes Desiderat der Forschung, dem bis zum nächsten internationalen Weltgipfel des Fußballs 2002 in Japan und Südkorea *dringend* abgeholfen werden sollte.

Der Autor ist zuversichtlich, sein Scherflein hierzu in Form einer vorläufig auf fünfzehn Bände angelegten Studienausgabe beitragen zu können, vorausgesetzt, dass der DFB dieses ehrgeizige Projekt durch Forschungsmittel aus dem „Lothar-Matthäus-Fond für vergleichende soziohistorische Linguistik" entsprechend unterstützen wird.

Abschließend gebietet die wissenschaftliche Redlichkeit noch eine kurze persönliche Anmerkung. Wenn beim Leser gelegentlich der Eindruck entstehen mag, dass bei den angeführten historischen Beispielen Spieler eines (einstmals) ruhmreichen schwäbischen Vereins überproportional oft angeführt werden, so liegt dem keine Wertung oder gar Deklassierung anderer Spielerpersönlichkeiten und Vereine zugrunde. Vielmehr liegt dies daran, dass der Autor selbst der sogenannten „Stuttgarter Schule" biographisch näher steht als beispielsweise der „Wiener", „Amsterdamer" oder „Frankfurter Schule".

Einleitung

PHILOSOPHIE HEIßT NACHFRAGEN, heißt, sich nie mit vorgefassten Urteilen oder unreflektiert Überliefertem einfach zufrieden zu geben, selbst dann nicht, wenn eine Erkenntnis durch Generationen von Fußballpäpsten beglaubigt ist (also z. B.: „Der Ball ist rund und die Erde eine Scheibe – ist doch klar, sonst würde der runde Ball ja immer vom Anstoßpunkt herunterrollen"). Kurz: sie ist ein kritisches Geschäft und stets dazu angehalten, ihre eigenen Begriffe und Prämissen zu prüfen. Was für das kritisch-reflexive Selbstverständnis des geBILDeten Fans im Stadion gilt, gilt erst recht für die Geschichte einer so elementaren, unsere ganze Gesellschaft prägenden Institution wie dem Fußball insgesamt.

In diesem Zusammenhang muss auch gleich auf ein weit verbreitetes Vorurteil hingewiesen werden. Es gibt immer wieder Leute, die behaupten, der Fußball wäre in England entstanden. Und auf den ersten Blick fällt es auch nicht schwer, historische und etymologische Belege für diese These anzuführen, zum Beispiel dass das „Foul" „Foul", der „Keeper" „Keeper" und das „Derby" – nach der gleichnamigen Stadt – „Derby" heißt. Dass das „Tackling" etwas mit englischer Spielauffassung zu tun hat, versteht sich ohnehin von selbst, und muss mit dem berühmten britischen Fairplay-Gedanken auch keinesfalls im Widerspruch stehen. Um eventuellen Fehlinterpretationen vorzubeugen: Es soll hier keinesfalls in Abrede gestellt werden, dass das Vereinsleben auf „der Insel" im späten 19. Jahrhundert eine erste bemerkenswerte Blüte erlebte und der englische Fußball seitdem zahlreiche sehr erfolgreiche Mannschaften hervorgebracht hat. Aber, so fragt man sich unwillkürlich, wissen diese traditionsbewussten Anhänger britischen Sportsgeistes denn nicht, dass Fußball mehr ist als der Versuch, eine kleine runde Lederkugel mit Kraft, Kampf und Einsatzwillen irgendwie ins gegnerische Tor zu bugsieren, dass in diesem erhabensten aller Spiele vielmehr eine ganze Weltanschauung verborgen liegt, eine höchst komplexe Lehre der Weisheit, der kunstvollen Ball- und subtilen Seelenführung? Anders gesagt, kam diesen braven Ergebnis-Positivisten nie in den Sinn, dass Fußball seinem tiefsten Wesen nach untrennbar mit all den großen, metaphysischen Fragen der europäischen Philosophiegeschichte verbunden ist?

Hat man dies alles erst einmal erkannt, so wird schnell klar, dass die Fußballphilosophie weder im metaphysikfeindlichen Milieu englischer Internatsschulen noch auf den staubigen Strassen und Hinterhöfen von Neapel, Marseille oder Gelsenkirchen entstanden sein kann. Die Ursprünge dieser edlen Denk-Sportart liegen vielmehr – der humanistisch Geschulte ahnt es schon längst – nirgends anders, als an den sonnigen Gestaden des Mittelmeers, in den marmorgesäumten Stadien der alten Griechen.

I. Die elementaren Grundlagen

BEGINNEN WIR ALSO mit den ersten Anfängen, dem, wie jeder erfahrene Denksportler weiß, unentbehrlichen, philosophischen Warmlaufen, der ungeliebten Ausarbeitung der elementaren, physischen Grundlagen. Beginnen wir mit den sogenannten „Vorsokratikern".

Wie der Begriff „Vor-Sokratiker" schon sagt, befinden wir uns in jener archaischen Zeit des Fußballs (rund 2500 Jahre vor Gründung der FIFA), die noch ohne brasilianischen Spielwitz auskommen musste, ja als Südamerika – man stelle sich das bei einer heutigen WM vor! – noch gar nicht entdeckt war. Dafür gab es schon die „sieben Weisen". Nein, damit sind nicht die fachkundigen alten Herren am Spielfeldrand jedes A-Jugend-Spiels gemeint, sondern allseits geachtete Sportsfreunde, die es sich zur Maxime gesetzt hatten, zuerst sich selbst zu erkennen (und erst dann, dass der Ball nicht hinter der Linie und das spielentscheidende Foul eine Schwalbe war).

Einer von ihnen war ein gewisser Thales, der kam aus Milet in Kleinasien, einer wirklich ungemütlich heißen und trockenen Gegend, und so mag es niemanden verwundern, dass er das Wasser als den elementaren Urstoff in der Welt des Fußballs ansah. Jedem, der einmal bei 35 Grad im Schatten 90 Minuten durchgespielt hat, wird dies sofort einleuchten. Nur – so fragt sich der heutige Soft-Drink-Konsument – kannte der Mensch noch keine isotonischen Durstlöscher, oder hatte dieser findige Geschäftsmann (denn das war unser Thales auch!) schon damals einen guthonorierten Werbevertrag mit der Milet-Brunnen AG ausgehandelt? Wie dem auch sei, die ganze Konzentration auf astronomische Gewinne soll für ihn letztlich ein echter Reinfall gewesen sein.

Erfolgreicher war da schon Pythagoras – ich sehe argwöhnische Mienen, aber keine Sorge, mit dem Sprüchlein aus dem Geometrieunterricht hat das folgende recht wenig zu tun. Pythagoras war der erste große Zahlenstratege der Fußballgeschichte, der unangefochtene Stammvater aller Statistiker und Harmonie-Fetischisten. Als wichtigste Zahl galt ihm die Nummer Eins. Sie stand ihm für Solidität, Stabilität und ordnende Ruhe. Ihm war schon damals klar, wenn die Eins nicht hält, dann fällt das phantasievollste Spielsystem schnell zusammen. Ausgehend von dieser fundamentalen Einsicht begann er dann alles weitere aufzubauen: Eine Eins und noch mal eine Eins, das ergibt zusammengeschrieben 11, eine sehr harmonische Spielerzahl, wie er befand. Das ganze mal zwei – denn gegen irgend jemand muss man ja spielen – macht 22; fehlte nur noch ein weiser, gerechter Richter, einer, der alles überblickt und eventuell einmal auftretende Streitfälle schlichtet, ein sogenannter „Schiedsrichter". Aus verständlichen Gründen zögerte Pythagoras lange, ob er dieses fremde Element überhaupt einführen sollte, denn eigentlich störte dieser 23. Mann die schöne (Zahlen-)Harmonie empfindlich, besonders dann, wenn er ganz unvermittelt einen schrillen Pfeifton von sich gab; für den in musikalischen Fragen sehr sensiblen Pythagoras ein ästhetisches Unding. Erste Spielversuche ohne Schiedsrichter überzeugten ihn aber schnell, dass dieser doch wohl das kleinere Übel darstellte. Diese Erfahrung prägte sein Spielverständnis angeblich so sehr, dass er eine Zeit lang sogar auf Führungsspieler setzte, die im Ruf standen, echte Tyrannen zu sein. Doch das ist lange her, und solche Spieler sind in unseren Tagen – Gott sei Dank – ausgestorben. Wie auch immer, die Spuren, die Pythagoras im weiten Feld des Fußballs hinterlassen hat, sind unübersehbar. Und noch heute fachsimpeln seine Nachfahren darüber, welche denn nun die harmonischste, sinnvollste und fruchtbarste Konstellation ist: 4 : 4 : 2, 4 : 3 : 3 oder doch die Variante 4 : 5 : 1 ?

Derweil (nicht Derwall) schien ein anderer eine ganz elementare Lösung bereits gefunden zu haben. Für Empedokles, einen waschechten sizilianischen Tifoso, drehte sich alles um die Vier. Die ganze schöne Welt des Fußballs, so verkündete er, beruhe auf vier Elementen: erstens der *Erde* (als Sizilianer kannte Empedokles natürlich noch keinen gepflegten Englischen Rasen), zweitens dem *Wasser* (ob er hierin einfach Thales folgte, oder ob er an die alte Fußballer-Weisheit „Ohne Schweiß kein Preis" dachte, darüber streitet sich die Forschung), drittens dem *Feuer* (Leidenschaft und Siegeswille sind natürlich unentbehrlich – „Forza Italia!") und viertens der *Luft* (die nach langen Spurts bzw. am Ende des Spiels allerdings schon mal ausgehen kann).

Bei all seinen klugen Überlegungen hatte Empedokles jedoch etwas Wichtiges, ja Entscheidendes übersehen, eine Komponente, ohne die kein Fußballspiel überhaupt möglich ist: den Ball. Diesem „absolut Seienden", dieser „wohlgerundeten Kugel" sollte ein weiterer Stammvater der antiken Fußballphilosophie dafür um so mehr Aufmerksamkeit schenken: Parmenides. Dieser Mittelfeldflaneur war ein von den Göttern begnadeter Freund des runden Leders, ein wahrer Meister des ruhenden Balles (sein Beiname war *balakoph*, ein im Griechischen sehr seltener Ausdruck, der vermutlich einem thrakischen Dialekt entstammt und den Voß mit „Ballscharfschleuderer" übersetzt). Bewegung galt ihm nicht sonderlich viel, und er war nie darum bemüht, den leeren Raum zu suchen; ja er behauptete sogar, die Bewegung der Stürmer sei die Quelle aller Missverständnisse und Fehlpässe. Aber wenn das Spiel ruhte, wenn es galt einen Freistoß zu verwandeln, dann war das *Sein* Ding. Dann war ihm, als ob im ganzen Stadion nur noch er allein existierte, beschienen vom hellen Glanz der Wahrheit und den lebensspendenden Strahlen der lieblichen Göttin des (Rampen-)Lichts.

Der erste, der dieser statisch-abgeklärten (und für die Zuschauer mitunter eher unattraktiven) Auffassung eines auf Standardsituationen aufgebauten Spiels energisch widersprochen hat, war kein geringerer als Heraklit, der legendenumwitterte Trainer von Ephesos 546. Heraklits meist sehr komplizierten taktischen Anweisungen brachten ihm in Spielerkreisen auch den Beinamen, „der Dunkle" ein. Sein Lieblingshalbzeitspruch „Ihr geht nie zweimal in dasselbe Spiel" soll mehr als einen Abwehrspieler derart in Verwirrung gestürzt haben, dass seine Mannschaft gleich nach Wiederanpfiff einen Gegentreffer hinnehmen musste. Doch das war nicht weiter schlimm, denn Heraklit galt als ein glühender Verfechter des

Offensivfußballs, für den der Kampf der Vater aller Dinge war, und der ein Spiel auch bei einem 0:5-Rückstand zehn Minuten vor Schluss noch lange nicht verloren gab. Denn seine Devise war stets *panta rei* – „alles fließt", eine zeitlos gültige Erkenntnis, die den meisten Fußballfreunden allerdings besser in jener etwas frei überlieferten Fassung bekannt sein dürfte, die ein anderer großer Fußballphilosoph populär gemacht hat: „Der Ball ist rund".

In jener Zeit wurde es immer wichtiger, nicht nur einfach Fußball zu spielen und zu gewinnen, sondern auch, im Sportstudio oder auf der Agora ausführliche Interviews zu geben. Wer nun kein so ausgeprägtes Naturtalent wie Heraklit oder Herberger war, aber dennoch gern überlieferungswürdige Sprüche von sich geben wollte, der suchte eine jener berühmten Rhetorikschulen der sogenannten Sophisten auf. Bei diesen „Lehrern der Weisheit" konnten Trainer (aber auch Präsidenten und Politiker) lernen, wie man eine klare 0:4-Niederlage so kommentiert, dass der Zuhörer am Ende tatsächlich die vielen positiven Ansätze („in den ersten 5 Minuten der zweiten Halbzeit") zu sehen glaubt – oder doch zumindest anfängt zu zweifeln, ob er im selben Stadion war. Dadurch wurde man zwar kein besserer Trainer, aber man konnte eventuell verhindern, dass einen das Präsidium via Scherbengericht schon diesen Samstag in die Wüste schickte. Die Diskussionen wurden so immer nichtssagender, die Maßstäbe objektiver Berichterstattung immer zweifelhafter – ein Zustand, der die echten Freunde des Sports mehr und mehr empörte.

II. Der Sokratische Spielwitz – die menschliche Seite des Fußballs

EIN SPORTSFREUND AUS ÜBERZEUGUNG und Leidenschaft war der einflussreiche Athener Jugendtrainer Sokrates. Wo immer er auf den öffentlichen Bolzplätzen unterhalb der Akropolis auftauchte, scharte sich die fußballbegeisterte Jugend in Massen um ihn. Wie kein anderer Coach vor ihm verstand er es, die angeborenen Anlagen junger Talente durch einfache Übungen mit kurzen Bällen und gezielte Einzelgespräche zu fördern und zur Entfaltung zu bringen. Ein wesentlicher Aspekt des ganzen Spiels bestand für ihn darin, sich nie mit einfachen Antworten und dem einmal Erreichten zufrieden zu geben, sondern immer wieder neue Fragen zu stellen (z. B. „Warum in aller Welt konnte dieses blöde Gegentor in der letzten Spielminute fallen?", „Was kann ich an meiner Spielweise noch verbessern?" oder „Wie werden wir nun auch noch Pokalsieger?"). Obwohl, oder gerade weil, er in seiner Jugend selbst als Fußballhandwerker begonnen hatte (laut Pausanias soll er ein steinharter Klopper gewesen sein), maß er der theoretischen Ausbildung außerhalb des Spielfeldes eine entscheidende Bedeutung zu. Zusammen mit seinen Schülern analysierte er die seiner Meinung nach für den Fußballsport zentralen Begriffe wie „Schönheit" oder „Gerechtigkeit" (in seiner idealistischen Begeisterung übersah er wohl, dass es so etwas wie Gerechtigkeit im Fußball nicht gibt; O-Ton Heribert F.: „Ja, ja, meine lieben Zuschauer, sooo ungerecht kann Fußball sein!"). Immer wieder betonte Sokrates, das wichtigste für einen Spieler sei, sich vom Fußball den richtigen Begriff zu machen. Das heißt, man muss an den Begriffen stets das Wesentliche vom Unwesentlichen genauso trennen wie den Ball vom Gegner. Bei seinen zum Ärger der Sophisten stets kostenlosen Freiluft-Spielerseminaren bediente er sich überaus anschaulicher Beispiele. Eines Tages ritzte er ein Quadrat in den

Sand, und ein zuvor völlig unbedarfter Jungprofi erkannte augenblicklich, dass er mindestens das vierfache Jahresgehalt seiner Mittelfeldkollegen verdienen müsse wenn seine Diagonalpässe den doppelten Raum öffneten und damit den Weg zum Torerfolg bereiteten. Diese Idee hatte er einfach so, eine Erinnerung daran, dass er reich werden wollte, und dass der legendäre phrygische Mittelstürmer Midas, den man „den Jungen mit dem goldenen Fuß" nannte, ja auch 8 Millionen verdiente (Krösus, der sagenhafte Stürmer von Ephesos 546 soll es sogar auf über 10 Millionen Jahresgehalt gebracht haben). Auch wenn Sokrates die allzu materialistischen Beweggründe seines jungen Schützlings nicht gut heißen konnte, so nahm er das Ergebnis doch als eindeutigen Beweis für die Richtigkeit seiner neuen Lehre von der Wieder-Erinnerung (oder *Anamnesis*). Denn schließlich konnte sich der Junge gewöhnlich nicht einmal erinnern, ob er bei dem neuen Club schon unterschrieben hatte oder nicht.

Sokrates verfolgte die Idee dieser neuen Lehre mit äußerster Konsequenz und konterte alle rhetorischen Angriffe mit Geist und Ironie. Jedesmal, wenn einer der Sophisten ihn verstohlen ausfragen wollte und danach trachtet, ihm seine taktischen Geheimnisse zu entlocken, bekannte er freimütig, dass er lediglich wisse, dass er nichts wisse, und dass das nächste Spiel immer das schwerste sei. Die schelmische Miene, die er dabei machte und seine enorme Popularität bei der Jugend (die nur noch Sokrates-T-Shirts mit Smilies tragen wollte), ärgerte einige Sophisten und Funktionäre so sehr, dass sie ihn schließlich vors Sportgericht zerrten. Der fadenscheinige Vorwurf war, dass er mit seinem Gerede vom hehren, schönen, idealistischen Amateur-Fußball die Jugend verderbe und die alten Fußballgötter (Fritz Walter, Helmut Rahn und Toni Turek) durch irgendwelche abstrakten Begriffe wie „Kreativität", „Torgefährlichkeit", „Zuverlässigkeit" ersetzen wolle – ein letzter Rest jenes einschneidenden epochalen Kampfes, in dem der fußballerische Logos den homerschen Mythos verdrängte. Fußballgötter hin, Spielvernunft her – Fakt ist, dass das ganze eine Riesensauerei war und dem arglosen Sokrates eine lebenslange Sperre drohte.

EXKURS ins Reich der Fußball-Mythen

AN DIESER STELLE IST EINE kleine Zwischenbemerkung angebracht, denn selbst in den besten Standardwerken über die griechische Fußballphilosophie kann man immer wieder die Geschichte vom bitteren Karriereende des Sokrates, ja sogar von seiner Trunksucht (er soll besonders dem Schierling zugesprochen haben) lesen. Dabei handelt es sich vermutlich um die größte Zeitungsente der Weltgeschichte, an deren Zustandekommen auch seine Schüler, allen voran Platon, nicht unbeteiligt gewesen sein dürften. Einiges spricht nämlich dafür, dass Sokrates der ganze Rummel um seine Person schlichtweg zu viel wurde, dass ihm die ewig gleichen Fragen der Journalisten („Sehen Sie in Athen noch eine Zukunft für sich?", „Stimmt es, dass Dynamo Marathon ihnen einen Eilboten geschickt hat, und wenn ja, werden sie deren Angebot annehmen?", „Ich habe gehört, die Mannschaft hält Platon für den geeigneteren Trainer?") auf die Nerven gingen, und er einfach aussteigen wollte. Aller Wahrscheinlichkeit nach hat er deshalb das Angebot des Kriton angenommen und sich ins Ausland abgesetzt. Einer Überlieferung zufolge soll er sich mit dem Schiff nach Neapel begeben haben, um dann über Rom, Mailand, München und Gelsenkirchen nach Liverpool zu reisen. Eine andere Quelle spricht davon, dass er über Marseille, Paris, und Amsterdam nach Manchester gelangte (dass nämlich Ajax Amsterdam nicht von dem berühmten, gleichnamigen Helden Homers gegründet sein kann, müsste eigentlich jedem klar sein, der dessen Epen bis zum Schluss gelesen hat). Welche Variante auch immer stimmt, festzustehen scheint, dass er an allen Orten, durch die er kam, bedeutende Fußballschulen begründete und schließlich in England eine neue Heimat fand; womit auch geklärt ist, warum die Insel im Volksmund als das Stammland des Fußballs gilt. Nachfahren von Sokrates gelangten dann – vermutlich mit den Wikingern – nach Nordamerika, wo sie zum Gedächtnis an ihre *beiden* fußballerischen Wurzeln „Cosmos New York" gründeten – ein Club, der viel älter ist, als missgünstige europäische Zungen wahrhaben wollen. Von der Ostküste breitete sich das neue Spiel schnell über Mexiko, Brasilien, Uruguay und Argentinien bis hin zum südlichsten Zipfel Feuerlands aus. Bewundernswerte Bauwerke, wie das berühmte „Azteken-Stadion" zeugen noch heute von diesem rasanten Siegeszug des Fußballs in der neuen Welt. Bis in die kultursoziologisch tiefliegenden Schichten der Sprache hinein hat dieses dramatische Geschehen seine Spuren hinterlassen. Die amerikanische Bezeichnung „soccer", die jedem fußballspielenden Europäer schon immer ziemlich verdächtig vorkam, lässt sich etymologisch auf „Sokratiker" zurückführen. Dem amerikanischen Liberalismus und vor allem Thomas Jefferson („All men are created equal..." usw.) ist es zuzuschreiben, dass im frühen 19. Jahrhundert die Position des Torhüters abgeschafft wurde und im nun sogenannten „American Football" alle Spieler den Ball in die Hand nehmen durften; die berühmten englischen „Cambridge-Regeln" von 1846 sind als eine direkte Reaktion darauf zu sehen. Diese Reformation hatte zur Folge, dass sich der traditionelle Fußball mehr und mehr in die katholisch geprägten Länder Mittel- und Südamerikas zurückzog. Dort sollte er dafür eine um so beachtlichere Blüte erleben, was klassizistisch orientierte Kulturgeschichtler wie J.J. Winckelmann auf das mit Griechenland vergleichbare Klima und die ungezwungene Freude an halbnackten Körpern zurückführten. Dass die besagte Sokratische Trainerdynastie dabei eine maßgebliche Rolle spielte, zeigt schon allein die Tatsache, dass noch in den 80er Jahren des 20. Jahrhunderts ein direkter Nachfahre des alten Sokrates im Trikot der brasilianischen Nationalmannschaft spielte (und das in einer Weise, die seinem griechischen Stammvater alle Ehre machte).

Damit endet unser kleiner Exkurs in das Reich der Fußball-Mythen, und wir kehren nun wieder auf den festen Boden der anerkannten Fußballphilosophie zurück.

III. Die großen Trainergestalten

WER NUN GLAUBTE, mit dem skandalösen Rausschmiss des Sokrates auch dessen neue dialektische „Spiel-weise!" losgeworden zu sein, wurde schon bald eines Besseren belehrt. Denn Nachfolger auf dem wichtigsten attischen Trainerposten wurde kein anderer als Sokrates' gelehrigster Schüler, der spätere Fußballhalbgott Platon. Dieser erinnerte sich an die besten Ideen seines weisen Lehrers und macht sie zur Grundlage seines eigenen Spielsystems. Mit dem aus reichem Athener Haus stammenden Platon begegnet uns erstmals ein ganz neuer Typ von Fußballlehrer, einer, der feuchtfröhliche Symposien ebenso liebte, wie schnelle Pferdegespanne, und von dem es heißt, dass er Herz, Mut und Begierde in seiner Seele vereinte. So verwundert es nicht, dass er Cheftrainer, Manager und Präsident in einer Person war, ein echter Macher, der die ganze Sache richtig professionell aufzog. Unter anderem erfand er die VIP-Lounge, wo die feine Athener Gesellschaft nach dem Spiel über so heiße Themen wie „Fußball und Eros" plauderte. Damit seine Schützlinge unbehelligt von den Medien trainieren konnten, errichtete er einige *Stadien* nordwestlich von Athen kurzerhand ein permanentes Trainingslager, das er *Akademia* nannte. Mit einer solchen Einrichtung konnte er damals richtig „Staat machen". Doch Platon war noch viel weitsichtiger. Um die jungen Spieler im Umgang mit der Presse zu schulen, führte er die Unterrichtsform des Dialogs ein und warnte den Nachwuchs ausdrücklich vor schriftlichen Stellungnahmen, besonders, wenn es um Interna wie die Vereinsphilosophie ging. Ungeachtet dessen verfasste er selbst bedeutsame Lehrbücher über Taktik, Fairplay, mannschaftsdienliches Verhalten und Teamgeist, wobei er sich aber gelegentlich eines Ghostwriters bedient haben soll. Zumindest bezweifelten viele der späteren Kommentatoren (z. B. Wilamowitz-Moellendorff, Rubenbauer, Béla Réthy oder

Feldkamp) die Authentizität einiger seiner Schriften, die jeweils nach berühmten antiken Spielerpersönlichkeiten wie Protagoras, Hippias oder Uwepsychoas benannt sind. Fest steht hingegen, dass Platon als erster eine idealistische Spielauffassung vertrat, das heißt, das höchste, was es für ihn gab, war die Idee des schönen (wenngleich nicht zu „kunst-vollen") Spiels, der eleganten, geistreichen Kombinationen. Er wollte eine gute *Schau*, er liebte es, wenn die Zuschauer sich von ihren Sitzen erhoben und im hellen Glanz der griechischen Sonne engagierte Profis sahen und nicht jene faden Schattengestalten, die man ihnen sonst gelegentlich vorführte. Dazu brauchte es natürlich mehr als nur gute physische Fitness, dazu brauchte es fußballerisches Genie und einen souveränen Überblick über das Spielgeschehen als Ganzes. Bei Platon begegnet uns immer wieder die Frage nach dem dahinterliegenden, überzeitlichen Sinn und Zusammenhang des ganzen Spiels. Fußballexperten sprechen hier auch von „Metaphysik", was soviel wie „das hinter der Physis Stehende" bedeutet und von einigen prosaischen Sportkolumnisten als unerlaubtes intellektuelles Doping gebrandmarkt wird. Doch derart plumpe Pressekritik konnte die unsterbliche Seele unseres Platon nicht erschüttern, und wenn seine Spieler das Wesen des Ganzen erfasst hatten, war es ihm letztlich sogar egal, ob das Spiel gewonnen oder verloren wurde.

Das krasse Gegenteil dieser idealistischen Schön-Spielerei bildet der körperbetonte Kampffußball materialistischer Prägung, der den Sieg um jeden Preis erzwingen will und bei dem der Dreck auf dem Trikot zum Gradmesser der persönlichen Leistung avanciert. Als bekanntester antiker Vertreter dieser beinharten Spielweise gilt der trakische Nationaltrainer Demokrit (besser bekannt als der „Trakische Terrier"), dessen System auf einer kompakt stehenden Abwehr beruhte, bei der die atomistische Manndeckung „eins gegen eins" im Zentrum stand. Zwar war er gelegentlich zu verletzungsbedingten Umgruppierungen gezwungen, was bei dieser Spielweise wohl niemanden wundert; im Grunde aber ging er davon aus, dass Erfolg nur durch handwerkliche Solidität und Einheit der Mannschaftsleistung zu erreichen sei. Den ästhetisch verwöhnten griechischen Fans war diese körperorientierte Einstellung wesensfremd, und so fand Demokrits Spielsystem bis in die frühe Neuzeit nur wenig Nachfolger.

Der ausgebuffteste Trainer und abgeklärteste Manager seiner Zeit sollte jedoch Platons Zögling Aristoteles werden. Die Idee vom schönen Fußball mochte an sich ja ganz nett sein, doch Aristoteles erkannte schnell, dass der tatsächliche Spielerfolg im wesentlichen auf zwei ganz anderen Dingen beruhte: Materie (heute meist „Spielermaterial" genannt) und Form (über die sich in der Tat lange rätseln lässt). Hinzu kamen dann noch zwei weitere Faktoren, der Einsatzwille (*causa efficiens*) und das Saisonziel (*causa finalis*, was übersetzt soviel bedeutet, wie: „Wir wollen ins Championsleague-Finale" und meist vom Präsidenten vorgegeben wird, dem „ersten unbewegten Beweger"). Beides, so glaubte man damals ganz naiv, lasse sich am besten durch hohe Monatsgehälter und üppige Prämien erreichen.

Nach Aristoteles ging es im Fußball letztendlich immer darum, das spielerische Potential in die aktuelle Tagesform zu übersetzen, oder anders formuliert, immer das Beste aus seinen technischen Möglichkeiten zu machen und so die Träume von der Meisterschaft zu verwirklichen. Zu diesem Zweck teilte er vor Saisonbeginn alle Spieler in zehn Kategorien ein, je nach ihrer spielerischen Substanz, ihrem quantitativen Laufpensum, ihren kämpferischen Qualitäten, ihrer Übersicht, ihrer Leidensfähigkeit usw. Mit solchen Hilfsmitteln suchte er das eigentliche Wesen eines jeden Einzelspielers zu ergründen, um ihm dann den geeignetsten Platz in der Gesamtheit seines Spielsystem zuweisen zu können. Schon dieses Vorgehen macht deutlich, dass Aristoteles im Gegensatz zu seinem gelegentlich etwas schwärmerisch veranlagten Lehrer Platon mit beiden Beinen stets fest auf dem Boden der Tatsachen stand. Überhaupt war er bemüht, alle Extreme (3:3:4 oder 6:3:1) zu vermeiden und der aufbrausenden Leidenschaft seiner jungen Spieler die Tugend der Besonnenheit entgegen zu setzten. Um dem ganzen Spielaufbau mehr innere Logik zu geben, entwickelte Aristoteles die sogenannten „Syllogismen", ein äußerst schwieriges Kapitel Fußballphilosophie, das nur wenige Eingeweihte wirklich beherrschen. Das Tolle an ihnen ist, dass sie dem Trainer (und natürlich auch den Journalisten) erlauben, todsichere Schlüsse zu ziehen, natürlich vorausgesetzt, die Prämissen sind korrekt. Ein anschauliches Beispiel hierfür ist folgender Syllogismus:

1. **Prämisse:** „Alle Präsidenten stehen zu ihren Trainern."

> (Ein unbedingt wahrer Satz. Oder können Sie sich an andere Aussagen erinnern?)

2. **Prämisse:** „MV ist ein Präsident."

> (Statt MV könnte man auch XY sagen)

Daraus folgt die unbedingt wahre
Conclusio: „MV steht zu seinem Trainer."

> (Bleibt nur noch die Frage zu klären zu welchem, zum alten oder zum neuen? Das nennt man dann Dialektik!)

Wenn Aristoteles nicht gerade mit solch heiklen und diffizilen Fragen beschäftigt war, betätigte er sich im Nebenberuf auch schon mal als professioneller Talentsucher. Seine größte Entdeckung war der junge Goalgetter Alex, genannt „The Great", dessen herausragende Sturmqualitäten er früh erkannte und förderte. Durch die unnachahmliche Weise, wie dieser mazedonische Draufgänger die gegnerische Abwehr narrte und sein Team von Erfolg zu Erfolg führte, gelang es ihm, die Herzen der Fans in Europa und Asien im Sturm zu erobern. Außerdem war Aristoteles auch der erste, der alle verfügbaren Infos über andere Mannschaften, andere Trainer und Spieltaktiken sammelte und systematisch zusammenfasste. So entstand das umfangreichste Fußball-Kompendium seiner Zeit (eine Art antiker *ran*-Datenbank), das die weitere Entwicklung dieses Sports für Jahrhunderte prägen sollte, und dies nicht nur im Hinblick auf Systeme, Kategorien und Taktiken, sondern auch mit Blick auf Spielregeln und Fairplay.

Eine ganz andere Tradition soll von einem gewissen Epikur begründet worden sein, der seine Laufbahn angeblich als Manager eines Ferien-Clubs auf Samos begann. Sicher ist, dass er später in einem Vorort von Athen eine eigene Garten- und Freizeitanlage mit gepflegten Rasenplätzen eröffnete. Epikur war stets darauf bedacht, Lust und Freude bei allen Mitspielern zu fördern und Schmerzen zu vermeiden, weshalb seine Mannschaft im Ruf stand, ein Team von Weicheiern zu sein, das obendrein ständig verlor, weil keiner die gegnerischen Stürmer attackierte. Epikurs Schule hat sich nach dem Tod des verehrten Meisters dann auch schnell in zwei Lager aufgespalten, die im wesentlichen bis heute fortbestehen, weshalb viele Historiker ihn für den einflussreichsten antiken Fußballlehrer überhaupt halten. Einige seiner heutigen Anhänger haben die Fußballschuhe ganz an den Nagel gehängt und finden ihre höchste Erfüllung nun darin, mit Bierdosen, Schnittchen und Salzstangen ausgerüstet dem ganzen Geschehen von Ferne beizuwohnen (eine durchaus sympathische Sitzgruppe). Andere begeben sich zwar noch auf das Spielfeld, scheinen aber die Lehren des Meisters („nur das tun, wozu man gerade Lust hat" sowie das „Vermeiden aller Schmerzen, Anstrengungen und jeglicher Unruhe") noch nachhaltiger verinnerlicht zu haben.

Dieser etwas lässigen Haltung diametral entgegengesetzt ist eine andere antike Fußballlehre, die ebenfalls bis heute nachwirkt: die „epochale" Philosophie der Stoiker. Wir kennen sie alle, die heroisch ungerührten Gestalten, die mit versteinerter Miene auf der Trainerbank sitzen und keinerlei menschliche Regung zeigen, egal ob ihre Mannschaft 5:1 führt oder gerade mit 0:6 unter die Räder kommt. Mit ausdruckslosen Gesichtern und aufrecht wie die Säulen ihrer bunt bemalten „Hall of Fame", verfolgen sie die ewige Wiederkehr des immer gleichen gegnerischen Spielzugs, dem ihre bodenständigen Fußballarbeiter spielerisch einfach nichts entgegenzusetzen haben. Nur der hochgeschlagene Kragen ihrer Toga (bzw. ihres Trenchcoats) verrät, dass auch sie so etwas wie ein heimliches

Ideal, einen heimlichen Helden besitzen: Peter Falk, den coolen Ver-ball-Dialektiker vom iberischen Meister Colombo Lissabon.

IV. Spätantikes Ballgeplänkel – oder der Versuch, das Spiel über die Zeit zu retten

MIT DEN SPÄTEREN STOIKERN betreten wir bereits die Zeit und die Fußball-Arenen der römischen Kaiser, die damals – entgegen allen anderslautenden Gerüchten – nicht Bayerisch sondern Latein sprachen, so exotische Namen wie Augustus, Nero, Trajan oder Marc Aurel hatten und ihre ausgeklügelten taktischen Anweisungen („Schau' mer mal, wo die Germanen stehn") noch gänzlich ohne Handy übermittelten.

Doch nur wenige Kaiser, Intrigen und Platzverweise später, begann eines der traurigsten Kapitel der ganzen Philosophiegeschichte, der allmähliche Niedergang der hellenistischen Fußballkultur. Gelangweilt von den emotionslosen Darbietungen stoischer Mannschaften und enttäuscht vom verzärtelten Weicheifußball epikureischer Prägung, wanden sich immer mehr Fans anderen Sportarten zu, Sportarten bei denen mehr *action* und bessere Unterhaltung geboten wurde. So verdrängten Gladiatorenkämpfe und kurzweilige Spielchen mit echten Löwen den unattraktiv gewordenen Fußball bald aus den großen Stadien. Hinzu kam noch die neu entflammte Begeisterung für Wagenrennen, zu denen die Fans aus Rom und Corneli (dem heutigen Imola) in Scharen strömten, besonders wenn der aus Germanien stammende Wagenlenker Ben Schumi seine rotgeschürzten Pferde über die heiße Sandpiste peitschte. Die wirtschaftlichen Konsequenzen waren hart. Ohne Zuschauer war der Fußballsport zu einer Randexistenz in römischen Provinz-Clubs verdammt, die großen Sponsoren wanderten ab, der einst blühende Transferhandel verkam zu einem regelrechten Sklavenmarkt – ein Umstand, der bei genauerem Hinsehen schon fast wieder moderne Züge trägt. Doch nicht nur der Fußball war dieser neuen cleveren Unterhaltungsindustrie zum Opfer gefallen. Auch die einst so ruhmreichen Olympischen Spiele befanden sich im unaufhaltsamen Niedergang, ausgelöst durch zahlreiche Dopingskandale, von denen die Statuenbasen der sogenannten „Zanes" am Eingang des Stadions von Olympia noch heute zeugen. Es ist klar, dass unter diesen Bedingungen keine großartigen neuen Spielsysteme und Taktiken entstehen konnten. Selbst so außergewöhnliche Talente wie der junge römische Mittelfeldstratege Boethius wanderten zu ausländischen Clubs, wie dem gotischen Championsleaguesieger Theodo Ravenna, ab, oder suchten Trost in anderen Tätigkeiten. Neue Impulse kamen – wenn überhaupt – nur von außen.

Die wichtigsten spielerischen Neuerungen sollten von Augustinus kommen, dem ersten nordafrikanischen Legionär in der römisch-latinischen Liga. Dieser letzte überragende Fußballlehrer der Antike begann seine Karriere bei Ichthyo Karthago, wechselte aber schon bald zu Skepsis Rom, wo er einige Spielzeiten zubrachte, seine Dribbelkunst technisch perfektionierte, letztlich aber keine Zukunftsperspektiven für sich sah. Seinen eigentlichen Durchbruch hatte er dann beim A[mbrosius] C[lub] Mailand, dem Verein, bei dem er schließlich auch die Trainerweihen erhielt. Damit begann seine zweite Karriere, die ihn noch berühmter machen und bis ins Präsidium eines der einflussreichsten Verbände seiner Zeit führen sollte, eine Laufbahn, die allenfalls mit der Mario Zagallos vergleichbar ist. Augustinus war der erste große Psychologe auf der Trainerbank, einer, der den persönlichen Wert jedes einzelnen Spielers immer wieder herausstellte, der Nachsicht und Verständnis predigte, auch wenn der sündhaft teure Neuzugang gerade sieben 100%ige Chancen vergeigt hatte (oder wie Harald Schmidt süffisant bemerken würde: „Aus knapp zwei Meter vorbeigeschossen, das *kann* mal passieren ..."). Er war der festen Überzeugung, dass der Glaube im Fußball Berge versetzen könne (wie im „Wunder von Bern") oder doch zumindest manchmal hilft, den Ball an die Latte zu lenken. Auf sehr moderne Weise versuchte er die mentalen Stärken seiner Schützlinge zu entwickeln, indem er sie als fehlbare Individuen behandelte. Dabei vergaß er aber nie zu betonen, dass die Mannschaft nur dann Erfolg haben könne, wenn jeder die ihm zugewiesene

Position penibel einhalte. Nur so sei es möglich, in der flüchtigen Vergänglichkeit des Spielbetriebs das Unvergängliche zu erreichen und zum Ruhme des Fußballgottes Vereins- und Weltgeschichte zu schreiben. Apropos schreiben, mit seinem Buch *Confessiones* (Bekenntnisse) verfasste Augustinus die erste schonungslos offene Autobiographie eines antiken Denksportlers, die sich jahrhundertelang in den Bestsellerlisten der Abteien und Klöster halten sollte – was jedoch keinen heutigen Trainer oder Präsidenten zu spontanen – und vermutlich weit weniger berufenen – Nachfolgetaten animieren sollte! In dieser sehr persönlichen Schrift bekannte der hochverehrte alte Fußballlehrer, unter anderem, in seiner Jugend skeptizistische Querpässe geübt und stoische Beruhigungspillen („Ciceron", eine damals sehr beliebte philosophische Modedroge) eingenommen zu haben.

Den unaufhörlichen Niedergang des Fußballs und vieler früherer Traditionsclubs, wie Philosophiko Athen, Eintracht Sparta, Libri Alexandria oder Rom 753 konnte aber selbst Augustinus nicht aufhalten. Und für die weströmische Nationalelf, die in ihren Glanzzeiten personell weitgehend mit Rom 753 identisch war, sah es auch nicht viel besser aus. Neue Mannschaften aus dem Osten hatten einen sehr unkultivierten und barbarischen Hau-Ruck-Fußball eingeführt, der einzig in einem dumpfen Anrennen auf das gegnerische Tor bestand und mit ausgeklügelten Spielzügen oder klar erkennbarer Taktik wirklich nichts mehr zu tun hatte. Später wird man in diesem Zusammenhang auch von „Brechstangen-Fußball" sprechen. Der letzte Versuch des neunominierten Teamchefs Romulus (genannt „Augustulus", was man etwa mit „kleiner Franz" übersetzen könnte), den immer neuen Sturmläufen mit dem zaghaften Versuch einer klassischen Vierer-Abwehrkette zu begegnen, scheiterten im enttäuschenden Pokalfinale von Ravenna am 4. September 476 kläglich. Selbst ein stures Hintenreinstellen und Verteidigen „mit Mann und Maus" hatte die Niederlage letztlich nicht abwenden können. Alle verzweifelten Befreiungsschläge nützten nichts. Rom wurde international zweitklassig und die ganze antike Profi-Liga begann sich aufzulösen.

Für den Vereinsfußball und die Fußballphilosophie insgesamt

hatte dies fatale Folgen. Einigen Vereinen wurde die Lizenz entzogen, die Fangemeinde, die einst voller Verehrung zu ihren stolzen Fußballgöttern aufgeschaut hatte, orientierte sich an neuen moralischen Vorbildern. Man investierte nun mehr in Kirchen als in neue Sportstätten, wie man überhaupt der geistigen-seelischen Erbauung den Vorzug vor körperlichen Aktivitäten gab. Selbst die Kleidungsvorschriften des für alle Denksportler nun maßgeblichen römisch-katholischen Fußballverbandes wurden immer rigider. Spielte man in hellenistischer Zeit meist wenig bekleidet – wobei die Kleidung lediglich dazu diente, die Mannschaftszugehörigkeit zu markieren –, so wurde nun das Tragen langer, dreifaltiger Kutten aus schwerem Stoff zur Vorschrift (der historische Vorläufer jener berühmten blauen Trainingsanzüge mit den drei Streifen). Diese Maßnahme engte die körperliche und geistige Beweglichkeit der einzelnen Spieler erheblich ein und machte die Begegnungen noch unattraktiver, als sie ohnehin schon waren. Schließlich wurde die Spielpraxis immer mehr vernachlässigt, die alten Stadien verfielen, und mit ihnen der letzte Rest antiker Spielkultur.

Ende des 8. Jahrhunderts sollte der mächtige fränkische Präsident von Allemania Aachen mit dem klangvollen Namen Carolus Magnus dann noch einmal versuchen, eine gesamteuropäische Liga nach römisch-antikem Vorbild zu schaffen. Seine Idee brachte zwar eine zeitweilige spielerische und technische Renaissance mit sich, konnte sich aber langfristig nicht durchsetzen. Einige Historiker behaupten, vor allem deshalb, weil Carolus unbedingt Aachen zum alleinigen Austragungsort des Worldcup-Finales machen wollte, was der Präsident des damals immer noch einflussreichen byzantinischen Konkurrenzverbandes so nicht akzeptieren wollte. Immerhin schuf Carolus – natürlich ohne sich dessen bewusst zu sein – die historischen Voraussetzungen, auf denen sich später die französische und die deutsche National-Liga entwickeln konnten. Der DFB hat den großen Carolus dadurch geehrt, dass er seine Gründung auf den 28. Januar, den sogenannten „Karlstag" legte, und zwar genau 1100 Jahre nach dessen Kaiserkrönung – welch historisches Bewusstsein, welche Zahlensymbolik!

V. Fußball aus dem Lehrbuch – die scholastischen Spielsysteme

MIT DER ENDGÜLTIGEN ABWENDUNG von der antiken Spielpraxis begann nun die große Zeit der Fußballanalytiker, der theologisch-ausgeklügelten Spielsysteme und fiktiven Mannschaftsaufstellungen, deren vornehmstes Ziel darin bestand, die kanonischen Regeln der vom Verband ausgerichteten Trainerseminare immer wieder aufs Neue zu bestätigen. Statt auf dem grünen Rasen mit realen Bällen zu spielen, saß man nun in dunklen Klosterbibliotheken und beschäftigte sich stundenlang mit Analysen längst vergangener Relegationsspiele, machte populäre Pokalhelden zu Heiligen oder diskutierte die schwierige Frage, ob ein lupenreiner Hattrick wirklich von einer einzigen Person erzielt werden müsse, oder ob es nicht genüge, dass drei Spieler aus demselben Sturmtrio trafen.

Doch so einfach, wie manche Verbandsmitglieder dachten, war die natürliche Spielfreude nicht auszumerzen, und immer wieder wurden einzelne Mönche oder ganze Gruppen dabei erwischt, wie sie sogar während der Fastenzeit im Klosterhof mit leeren Starkbierdosen kickten. Ein anderes Problem, das der Verband bis heute nicht in den Griff bekommen hat, waren fußballbegeisterte Frauen, die das Amt des Trainers anstrebten, oder vorsichtig äußerten, auch einmal mitspielen zu wollen. Überhaupt war es damals nicht ratsam, die sakrosankte Mannschaftsaufstellung zu hinterfragen, und unerlaubte Experimente am Ball konnten empfindliche Strafen nach sich ziehen, wie Galileo Galilei noch viele Jahrhunderte später schmerzlich erfahren musste.

Die Spielsysteme, die damals allgemein diskutiert wurden, beruhten im wesentlichen auf den von Aristoteles und Augustinus erarbeiteten technischen Grundlagen und spielerischen Kategorien. Dabei verhielten sich viele der mittelalterlichen Fußballanalytiker zu Aristoteles etwa so, wie die Co-Kommentatoren zu den Kommentatoren zum Spiel („Ja, ja, das seh' ich genauso..."). Die taktische Bedeutung einer profunden theoretischen Trainerausbildung sollte keinesfalls unterschätzt werden. Dennoch mögen uns viele der damaligen Probleme heute etwas sehr theoretisch und *sophisticated* vorkommen. So stritt man beispielsweise jahrelang über die Frage, ob dem „Eckball" eine reale Existenz zukomme, oder ob er gar eine *contradictio in adjecto*, ein Widerspruch in sich, sei. Und in einem noch extremeren Fall bekamen sich gestandene Fußballstrategen darüber in die Haare, wie viele Schwalben auf einem Elfmeterpunkt Platz fänden, und ob der Schiri jedesmal Pfeifen müsse (eine Diskussion, die der scharfzüngigste italienische Sportkolumnist des 13. Jahrhunderts, Dante Alighieri, als „Göttliche Komödie" bezeichnete).

Vor dem Hintergrund derart spekulativer Tendenzen versuchte Thomas von Aquin, ein berühmter Verbandstrainer und Dominikaner in Paris, zu einem vernünftigen Ausgleich zwischen überlieferter Spieltheorie und fußballscholastischer Praxis, zwischen überirdischen Erwartungen und dem real Machbaren zu kommen. Ihm war klar, dass jeder Aufstieg in genau festgelegten Stufen zu erfolgen hatte, und dass auch die beste Taktik den Einzug in die höchste Spielklasse nur vorbereiten, ihr „übernatürliches Licht" aber keinesfalls erzwingen konnte. Dabei muss allerdings hinzugefügt werden, dass auch Thomas ein reiner Theoretiker war, dessen ganze Spielpraxis darin bestand, seinen fünfjährigen Schüler Duns Scotus einmal beim Tipp-Kick geschlagen zu haben; daran ändert auch die Tatsache nichts, dass der Verband seinen offiziellen Gedenktag später auf den 28. Januar legte. Als Scotus erwachsen war, sollte er sich für die einst erlittene Niederlage bitter rächen, indem er die Lehre seines inzwischen längst verstorbenen Meisters als fromme Wunschvorstellung kritisierte.

Auf steileren Pfaden versuchten einige andere Sportsfreunde, die sogenannten „Mystiker", jenes von Thomas beschriebene Licht zu erreichen. Aus naheliegenden Gründen schien ihnen eine aktive Laufbahn (damals im Fachjargon *vita activa* genannt) wenig persönlichen Gewinn zu versprechen; schließlich sollte der singende Mittelstürmer in der Pudding-Werbung erst eine Errungenschaft des 20. Jahrhunderts sein. Sie zogen es deshalb vor, sich ganz dem Studium der geheimen Bibel des Fußballs, den Notizbüchern des Heiligen Joseph von Hospitius, zu widmen, über welchen sie oft Monate in einsamer Meditation zubrachten (*vita contemplativa*). Ihr großer, verehrter Meister war nicht Wilhelm und auch nicht Erwin, wie der junge Goethe in seiner Straßburger Zeit noch mutmaßte, sondern ein gewisser Eckhart aus Hochheim in Thüringen. Da aber auch dieser – außer der Erfindung des „Mehmet-Scholl-Blicks" gen Himmel (früher auch als „Guido-Reni-Blick" bekannt) und des Klostertor-Wand-Schießens – nichts praxisrelevantes zur Entwicklung des Fußballs beigetragen hat, können wir ihn hier getrost sich selbst überlassen. Den erschreckenden Gedanken, dass der fromme Eckhart und seine Schüler tiefer in die letzten Geheimnisse der Fußballkunst eingedrungen sein könnten, als mancher heutige Bundestrainer, vergessen wir aus Gründen der Fußballpietät lieber ganz schnell wieder.

Viel spannender ist nämlich, dass auf den Sportseiten immer mehr Kommentare arabischer Trainer auftauchten, die die Höhen und Tiefen des Fußballs nicht nur aus Büchern kannten, sondern aus der reichen Quelle eigener Spielerfahrung schöpfen konnten, wie zum Beispiel Averroes, der legendäre Einmannsturm von Aristoteles 04 Córdoba (brisante Wortspiele wie „Córdoba 32" oder gar „Schalke 05" sollte frau prinzipiell vermeiden). Damals wurde dort ein Fußball gespielt, der bereits ungleich realer war als jener in Hochheim, Paris oder Madrid.

Dennoch wurden die erbittertsten Auseinandersetzungen nach wie vor außerhalb des Spielfeldes ausgetragen, zum Beispiel im sogenannten „Universalienstreit", einer Diskussion, die sich ursprünglich an dem Begriff des „guten Stürmers" entzündete und dann viele Jahrhunderte andauern sollte. Bei dem ganzen Streit ging es letztlich darum, ob man sich als Trainer von seinen Spielern überhaupt den richtigen Begriff mache, was wiederum eng mit dem alten aristotelischen Problem der Form zusammenhing. Ganz platt gesagt es ging um die zeitlos aktuelle Frage, ob der Form auf dem Papier eine Entsprechung in der Realität zukomme, oder ob alles nur leere Worthülsen waren, die einzig dem Zweck dienten, den spektakulären Einkauf der „teuersten (Ge-)Beine der Welt" zu rechtfertigen. Hier standen sich Idealismus (der platonische bzw. neuplatonische Glaube an den Stürmer-an-sich), Realismus („Können wir mit dieser Mannschaft den Klassenerhalt überhaupt schaffen?") und Nominalismus („Auf dem Papier sind wir schon Meister, was kümmert uns der Rest?") unversöhnlich gegenüber.

Nikolaus Cusanus, einer der führenden Verbands-Diplomaten und Tabellen-Arithmetiker seiner Zeit, versuchte zu schlichten, indem er zu bedenken gab, dass man unendliche Fußballweisheit ohnehin nie erlangen könne, und dass die Tätigkeit des Trainers von den Stammtischfußballern im Vereinsheim eh' nur als ein gelehrtes Nichtwissen (*docta ignorantia*) angesehen werde. Und mit geradezu modern anmutender Ironie fügte er hinzu, dass spätestens beim Kuttentausch alle vermeintlichen Gegensätze überwunden seien (*coincidentia oppositorum*).

Doch während an den theologischen Fakultäten in Frankreich, England und Deutschland noch über das gelehrte Nichtwissen der Trainer und die Papierform von Stürmern gestritten wurde, begann man in südlicheren Gefilden Europas schon damit, echte Bälle zu treten, klasse Tore zu schießen und richtig Kohle zu machen.

VI. Die Renaissance der Spielkultur in Italien

DIE ANFÄNGE DIESER FUß BALL-RENAISSANCE liegen unzweifelhaft in Italien, was der bekannte Schweizer Fußballkultur-Historiker Jacob Burckhardt in seinen Hauptwerk „Der Cicerone – Anleitung zum Genuß der Kunstwerke und Fußballstadien Italiens" wie folgt begründet: „Überbleibsel finden sich überall, wo es Römer gab". Die im 13. und 14. Jahrhundert zu Reichtum und Macht gekommenen Städte Oberitaliens und der Toskana, darunter Udine, Parma, Verona und Florenz, förderten das Vereinsleben nach Kräften und riefen die ersten nachantiken Profi-Ligen ins Leben: die „Liga der oberitalienischen Städte", die „Liga von Cambrai" und später, mit päpstlichem Segen, auch die „Heilige Liga". Dabei gab es schon richtige Transferlisten und einen ausgeprägten Spieler- und Tuchhandel, bei dem Seidentrikots mit den Namen der Lieblingsspieler verkauft wurden. Besonders begehrt waren fintenreiche Mittelfeldstrategen mit Führungsqualitäten, die sogenannten „Condottieri" wie etwa Francesco Sforza aus Milano (ein ferner Nachfahre von ihm spielt noch heute in der Bundesliga), die alle Vereine mit großen Summen an sich zu binden versuchten. Auch erste fetzige Lokalderbys wurden bereits geschlagen, wie zum Beispiel in Florenz, wo das Aufeinandertreffen zwischen dem renommierten Club Florenz Guelfe und den unter römischem Trainer spielenden Ghibellini Florenz immer wieder für gewaltigen Zoff sorgte (wobei man oft einen regelrechten „Fußballkrieg" ähnlich wie 1969 zwischen Honduras und El Salvador befürchten musste).

Der einflussreiche Florentiner Vereinspräsident Lorenzo de' Medici, der „Il Magnifico" genannt wurde und das verehrte Vorbild vieler späterer Präsidenten werden sollte, war es dann auch, der den Gedanken einer Neubelebung des Platonischen Trainingslagers (einer „neuen Akademie") beförderte, was dem Fußballsport insgesamt entscheidende Impulse gab. Es begann nun die Zeit der großen Ballkünstler, deren stilvoll, in schönster Häßler-Manier ausgeführte Angriffskompositionen eine echte Renaissance antiker Spielkultur und einen wahren Augenschmaus für alle Fußballästheten darstellten, der aufgrund seiner Eleganz auch als „Gala-Calcio" bezeichnet wurde. An erster Stelle muss hier der toskanische Kreativspieler Leon Battista Alberti genannt werden, dessen Spielaufbau geradezu klassisch und dessen Einwürfe unerreicht waren. Nach den Aussagen des italienischen Fußballchronisten Ludovico Antonio Muratori vermochte Alberti einen Ball bis an die Decke des Florentiner Domes zu werfen! Unvergessen auch der Spielmacher von Stanza 08 Rom, der vielbewunderte Raffael, welcher über eine vorzügliche Raumaufteilung und ein gutes Auge verfügte, und nebenbei auch noch ein ganz passabler Hobbymaler war. Bekannt geworden ist vor allem seine „Fußballschule von Athen", die alle großen Sportsmänner der Antike in einem Fresko vereint und eine tiefe Verbeugung vor der einstigen Spielkultur darstellt, wie Sir Andrew Marbot in seinem Buch „Art and Life" in einer eindrucksvollen ikonologischen Studie nachweisen konnte. Ob in Florenz, Mantua, Mailand oder Rom, die Idee vom schönen, attraktiven Spiel rückte jetzt wieder an erste Stelle, wobei die Maxime eines bedingungslosen Angriffsfußballs im 16. Jahrhundert oftmals übertrieben wurde. Besonders bei den internationalen Vergleichen wurde dies deutlich. Mannschaftsaufstellungen mit fünf oder gar sechs Stürmern waren keine Seltenheit, und wo eigene Talente fehlten, warb man einfach ausländische Söldner an, die man damals freilich noch nicht umständlich einbürgern musste. Auf einmal liebäugelten alle Teamchefs mit dem Weltmeistertitel, dabei hatte sich gerade erst herausgestellt, dass die Welt in Wirklichkeit viel größer war, als bisher angenommen.

Überhaupt herrschte zu dieser Zeit allerorts sehr viel Verwirrung, denn durch die neuen Erkenntnisse („Nicht nur der Ball, nein, auch die Erde ist rund! Und womöglich können die in Südamerika auch noch Fußball spielen!") waren die Grundlagen der ganzen überlieferten Fußballlehre ins Wanken gekommen. Doch sollte es für die Anhänger des traditionellen Fußballs noch schlimmer kommen. Kopernikus, den viele für einen Spinner hielten, weil er oft in den Himmel starrte, experimentierte mit den Gedanken, die ganze Mannschaft einfach mal andersrum laufen zu lassen – und unversehens war die Abseitsfalle erfunden (die sogenannte „kopernikanische Wende"). Zu allem Überfluss begann ein gewisser Luther auch noch damit, einige der seit Augustinus grundlegenden Spielregeln anzuzweifeln. In seinen polemisch und äußerst medienwirksam vorgetragenen Thesen wandte sich Luther gegen die gängige Praxis, einen Rot-Sünder nach Zahlung einer gewissen Geldsumme wieder mitspielen zu lassen, und forderte weiter, dass jeder Spieler das Recht haben solle, sich ohne Umweg über den Kapitän direkt an den Schiri zu wenden. Trotz des mehrmaligen Ausschlusses von Pressekonferenzen und der Ankündigung des Verbands in Rom, ihm die Akkreditierung gegebenenfalls ganz zu entziehen, blieb der teutonische Fairplay-Fanatiker hart. Der Streit eskalierte zusehends. Einige engagierte Spieler vom linken Flügel der Nationalmannschaft solidarisierten sich mit ihm und drohten schließlich sogar damit, einen eigenen Verband zu gründen, was Luther selbst dann doch zu weit ging.

Man musste schon einen sehr kühlen Kopf bewahren, um in den allgemeinen Wirren, Verbandsintrigen und Parteikämpfen noch durchzublicken. Ein solch besonnener Kopf war der aus Frankreich stammende Sportjournalist Michel de Montaigne. Einst selbst aktiver Spieler und zeitweise sogar Präsident eines französischen Zweitliga-Clubs, hatte sich Montaigne früh zur Ruhe gesetzt, um sich fortan ganz der Schriftstellerei zu widmen. Von Natur aus war er eher ein Skeptiker, der sehr zurückhaltend urteilte, was ihn aber nicht daran hinderte ein mitreißendes Spiel entsprechend zu goutieren. Seine in essayistischer Form abgefassten Kommentare zeugten von großer Fach- und Menschenkenntnis (einen Text widmete er sogar dem zeitlos aktuellen Thema „Fußball und Aberglaube"). Selbst bei grottenschlechten Spielen berauschte er sich nicht an einem arroganten Veriss, sondern suchte stets alle Seiten gerecht gegeneinander abzuwägen und den tieferliegenden Ursachen der 1:5

Niederlage auf den Grund zu gehen. Überhaupt bestach er vor allem durch seine wohlüberlegten und trotz ihres persönlichen Stils gänzlich uneitlen Spielanalysen. Kurz, er war der Günter Netzer des 16. Jahrhunderts.

Mit Montaigne beginnt die zweite Halbzeit der Fußballgeschichte. Mit ihm haben wir den Boden einer explizit neuzeitlichen Spielauffassung betreten, bei der sich alles um einzelne Spielerpersönlichkeiten und deren effektives Zusammenspiel drehte. Die alten starren Taktiken waren unbrauchbar geworden, es galt den ganzen Denksport auf neue sichere Grundlagen zu stellen. Einer, der sich ganz dieser schwierigen Aufgabe verschrieben hatte, war der spätere französische Nationaltrainer René Descartes.

VII. Zweifel am tradierten Spielsystem –
Aufbau einer neuen Mannschaft

DESCARTES WAR RATIONALIST. Für ihn wurde Fußball im Kopf entschieden. Er hatte ein ausgeprägt anti-empirisches Spielverständnis. Statt selbst bei Wind und Wetter auf dem Platz zu stehen, zog er es vor, in einer gemütliche Stube am warmen Ofen zu sitzen. Dort fand er Ruhe und Muße, sich mit bestimmten Problemen, wie zum Beispiel den typischen, eingeborenen Ideen aller Trainer („Hilfe, ich glaube mein Stuhl wackelt!") zu widmen. Als er seinen allerersten Trainerposten annahm, war er über das angetroffene Chaos tief erschüttert. Keiner seiner Spieler hatte auch nur den geringsten Begriff davon, was seine Funktion innerhalb der Mannschaft war, von einem klaren Konzept und deutlichen Zielvorgaben ganz zu schweigen. Außerdem erwiesen sich die ersten vermeintlich positiven Trainingseindrücke als allzu flüchtig und täuschend. So begann er nach und nach, alle die aus dem Aufgebot zu streichen, auf die er sich nicht 100 % verlassen konnte. Zu seinem eigenen Erschrecken stellte er plötzlich fest, dass er ganz alleine war, ein Nichts, als Trainer ohne jede Mannschaft praktisch nicht mehr existent. Doch da durchfuhr ihn jene Erkenntnis, die seitdem alle seine Kollegen tagtäglich begleitet: „Ich bin zweifelnd, also bin ich Trainer!" („*Cogito ergo exercitor sum*", meist unpräzise mit „Ich denke, also bin ich" übersetzt). Ja, er existierte und er war Trainer, soviel stand nun fest, das hatte er deutlich erkannt. Doch mit welchem Recht konnte er sich darauf verlassen, dass überhaupt irgendein guter Spieler existierte? Dass es sich überhaupt lohnte, mit diesen millionenschweren Jungprofis zu trainieren? In dieser verzweifelten Situation hatte er plötzlich eine deutliche Vorstellung von Pelé und Beckenbauer, von Eusebio und Maradona (von letztem sah er allerdings nur die Hand ganz klar). So wunderbare, so erhabene Bilder konnten nicht seinem endlichen Wesen entstammen. Da wurde es ihm zur Gewissheit, dass es einen gütigen Fußballgott gab, der ihn auch in der täglichen Spielpraxis nicht täuschen würde.

Aufgrund anderer Trainingsexperimente erkannte Descartes außerdem, dass die ganze Welt des Fußballs letztlich aus zwei Substanzen bestehe, den ausgedehnten Dingen (*res extensa*) und den denkenden Dingen (*res cogitans*). Nur um Missverständnissen vorzubeugen: Mit den *res cogitans* sind im Fußball immer noch die Spieler gemeint, auch wenn Formulierungen wie, „der intelligente Ball" oder „die geniale Ecke" eine Verwechslung nahelegen könnten.

Man hat Descartes vielfach vorgeworfen, durch seine Lehre von den zwei Substanzen einen Keil zwischen Spieler und Ball, zwischen Subjekt und Objekt getrieben und einen fundamentalen, metaphysischen Dualismus in den europäischen Fußball eingeführt zu haben – ein Dualismus, der den südamerikanischen Spielern übrigens absolut fremd ist. Doch in Wirklichkeit ist das Ganze noch weit komplizierter, und Descartes war nur einem Problem auf die Schliche gekommen, das den Fußball schon seit seinen allerersten Anfängen auf Schritt und Tritt begleitet hat. Man stelle sich eine typische Anstoßsituation vor. Zwei Spieler einer Mannschaft stehen am Mittelkreis und warten nervös auf den Pfiff des Schiedsrichters, welcher die ganze Zeit hektisch auf seine Uhr starrt. Der Pfiff ertönt, die Partie ist endlich eröffnet, der eine Spieler will den Ball leicht angetippt zu seinem Kollegen schieben, aber – es geht nicht! Denn plötzlich wird unserem wackeren, international erfahrenen Spielführer klar, dass er eigentlich gar nicht versteht, wie er das macht. Woher weiß sein starker rechter Fuß, dass sein unbändiger Siegeswille ihm gerade befohlen hat den Ball zu treten? Der arme Kerl ist völlig fertig, muss ausgewechselt werden, hängt die Fußballschuhe an den Nagel und wird Mystiker. Erfahrene Sportpsychologen nennen das ganze „Leib-Seele-Problem" (oder mit den Worten Boris Beckers „Ich war heut' mental einfach nich' gut drauf"), doch eine befriedigende Antwort können auch sie nicht geben. Descartes, dem wir den ganzen Schlamassel indirekt verdanken, glaubte eine einfache Lösung gefunden zu haben. Er nahm an, dass die Zirbeldrüse jene zentrale Schnittstelle zwischen Körper und Geist sei, die mittels sogenannter Animalgeister (heute meist als „Abstiegsgespenst" bezeichnet) den Stürmer nach vorne treibt. Es wäre nun aber extrem unfair, die – vermutlich völlig ahnungslose – Zirbeldrüse allein für all die vergebenen Chancen, verschossenen Elfmeter und verlorenen Zweikämpfe verantwortlich zu machen.

Auch Blaise Pascal, vom französischen Spitzenclub Port Royal (wenn man international mitspielen wollte, ging man zu Port Royal, das war einfach logisch), machte sich so seine Gedanken. Er war ein regelrechter Fußballasket, der unter den gelegentlichen feucht-fröhlichen Ausschweifungen mancher Mitspieler persönlich litt. Hingebungsvoll widmete er sein Leben dem Fußball, worin er die höchste Bestimmung auf Erden sah. Als scharfsinniger Mittelfeldstratege und Bewunderer cartesianischer Fußballanalytik grübelte er über Leib und Seele, über Gott und die Welt, über schlechte Mitspieler und gute Absichten sowie die extreme Unwahrscheinlichkeit, einen Ball freistehend drei Meter vor dem Tor noch vorbeizuschieben. Auch rechnete er sich gute Chancen aus, einmal als Trainer der Nachfolger von Descartes zu werden. Für ihn hatte Fußball überhaupt viel mit Arithmetik und spielerischer Logik zu tun, ein Faible für Mathematik, in dem er höchstens noch von seinem etwas jüngeren Amsterdamer Kollegen Baruch Spinoza übertroffen wurde, der soweit ging, nicht nur die taktischen Bewegungen, sondern auch die Spielmoral seiner Mannschaft mit geometrischen Begriffen zu beschreiben (sein Hauptwerk trägt den schönen Titel: „Ethica ordine geometrico demonstrata", wurde aber von kaum einem Fußballprofi je gelesen).

In England schmunzelte man über solch abgehobene taktische Spielereien nur. Auf der Insel bevorzugte man eine körperbetontere Variante des Denksports, vermutlich auch deshalb, weil der zwar sehr gepflegte, aber meist regennasse Rasen kunstvolle idealistische Dribblings gar nicht erst zuließ. Statt dessen entwickelte man eine gefürchtete Kopfballstärke und setzte auf solide Fußballarbeit, Einsatzwille und kompromisslose Tacklings, wobei der Fairplay-Gedanke aber stets an erster Stelle stand – man war schließlich Gentleman.

Der allseits bewunderte Stammvater dieser bodenständigen Spielweise war John „Johnny" Locke, der Erfolgstrainer der Oxford Rangers, welcher im Ruf stand, ein richtig harter Hund zu sein. Kaum, dass er das Trainingsgelände betreten hatte, machte er erst einmal *tabula rasa* und begann mit umfangreichen empirischen Untersuchungen. Bevor er an den Aufbau eines neuen Spielsystems ging, lotete er zunächst die physischen Möglichkeiten der eigenen Mannschaft aus, testete jeden einzelnen seiner Spieler auf Herz und Nieren, auf Kondition, Schnelligkeit und Belastbarkeit. Er hatte es sich zur Maxime gemacht, nie etwas aufgrund des guten Glaubens, irgendwelcher eingeborener Ideen oder der Empfehlungen renommierter Vorgänger zu übernehmen, sondern wollte stets alle Erkenntnisse kritisch überprüft wissen. Als erklärter Fußball-Empiriker wertete er dazu Unmengen an Archivmaterial alter Spiele gründlich aus, wobei er besonders intensiv das Zustandekommen von „Sensationen" reflektierte. Alle Spielzüge, die er sah, hatten für ihn entweder primäre oder sekundäre Qualität. Primär war es, Tore zu schießen und zu gewinnen, sekundär, das Ganze auch noch schön zu gestalten. Oder um ein einfacheres Beispiel zu nehmen: Die Härte des Balls ist eine typische primäre Qualität desselben; dass er obendrein auch noch ein hübsches Fünfeckmuster besitzt, findet der Abwehrspieler, der ihn in die Weichteile kriegt, garantiert ziemlich sekundär.

Diesen angeblich kausalen Zusammenhang zwischen hartem Ball und empfundenem Schmerz wollte der schottische Nationalspieler David Hume so nicht gelten lassen. Hume war einer jener knallharten Vorstopper der Marke Hans-Peter Briegel, die vor nichts und niemandem Respekt zeigen und weder sich, noch den Gegner schonten. Für Hume war alles nur eine Frage der Gewohnheit. Wenn die Zuschauer auch schon tausendmal beobachtet hatten, wie sich einer der Abwehrspieler nach dem Freistoß mit schmerzverzerrtem Gesicht auf dem Boden wälzte, so konnte man daraus noch lange kein Naturgesetz ableiten. Und um das zu beweisen stellte sich Hume jedesmal mitten in die Mauer (die nie im Leben 9,15 Meter vom Schützen entfernt war!), fest entschlossen Ball und Sinneseindrücke völlig ungerührt auf sich einwirken zu lassen. Mit diesen in der

Tat eindrucksvollen Demonstrationen erschütterte er all diejenigen, die glaubten, im Fußball würde es so etwas wie ewig gültige und von vorne herein feststehende Gesetze geben (wie z. B., dass der Gefoulte nie selbst den Elfer schießen soll). Nachdem Hume später die Trainerlizenz erworben hatte, ging er sogar noch weiter und erklärte, dass man im Fußball allgemein immer nur gewisse regelmäßig wiederkehrende Standardsituationen registrieren könne (z. B. Eckbälle) und sich nie verleiten lassen dürfe, aus ihnen notwendige oder gar kausale Zusammenhänge abzuleiten (wie z. B. „drei Ecken, ein Elfmeter"). Einige hielten ihn deshalb für einen Spielverderber. Denn durch Humes skeptische Betrachtungen war für alle zukünftigen Trainer ein ernsthaftes Legitimierungsproblem entstanden: wer folgt schon den komplizierten taktischen Anweisungen des Trainers, wenn es für diese gar keinen objektiven Grund gibt? Hume war auf ein grundsätzliches Problem jeder Taktik gestoßen, das noch dem ab- und aufgeklärten Immanuel Kant den fußballdogmatischen Schlaf rauben sollte.

Aufgrund eines ganz ähnlichen Spielzuges war Humes irischer Spielerkollege George Berkeley zu seiner radikal-idealistischen Spielweise gelangt. Rücksichtslos, als ob er ganz allein auf der Welt wäre, stürmte dieser intellektuelle Rowdy über den Platz und schreckte selbst vor kleinen, versteckten Fouls nicht zurück. Er folgte dabei der festen Überzeugung: Was hinter dem Rücken des Schiris passiert, kann dieser nicht sehen, und was er nicht sehen kann, existiert für ihn auch nicht, denn: *esse est percipi*. Der Erfolg dieser Spielweise war nur von kurzer Dauer, denn Gegenspieler und Publikum sahen sehr wohl was passierte. Die Einführung unabhängiger Linienrichter mit gesundem Menschenverstand und zwei Augen im Kopf machte dem ganzen Spuk dann auch schnell ein Ende.

In dieser Zeit wurde noch eine zweite, für die weitere Entwicklung des Fußballs noch wichtigere Neuerung eingeführt: der Libero, was so viel wie „freier Mann" heißt und eine zentrale Idee der Aufklärung (die später so großartige Individualspieler wie Voltaire, Rousseau, Sammer oder Lessing hervorbringen sollte) vorwegnimmt. Der Schöpfer dieser neuen Position war Gottfried Wilhelm Leibniz, ein barocker Theoretiker mit gepuderter Perücke, der nie einen Fuß in ein Stadion gesetzt hat, sondern lieber in der Weltgeschichte herumreiste. Da er nun aber mal ein bedeutender Universalgelehrter war, drängte es ihn danach, auch den Fußball durch sein Ingenium zu bereichern. Als glänzender Mathematiker erkannte er schnell, dass bei den meisten Konstellationen (z. B. 4:3:3 gegen 4:3:3) ein nummerisches Übergewicht der Verteidiger über die Stürmer vorlag und, mathematisch gesprochen, die Verteidigungsaufgaben eines Mannes in gewissen Situationen (quasi infinitesimal) gegen Null gingen. Diesen einen freien Mann nannte Leibniz nun „Libero-Monade", stellte ihn vor die Abwehr und machte ihn zum Mittelpunkt der ausgefeiltesten taktischen Überlegungen, die die Welt bis dahin gesehen hatte. Nichts auf dem Feld geschieht ohne zureichenden Grund (*Nihil est sine ratione sufficiente*), alles wird vom Libero dirigiert. Deshalb sollte der ideale Libero mit allen anderen Spielern in ständiger, enger Wechselwirkung stehen, sollte spontan die jeweilige Situation handelnd überblicken („Perzeption"), und in der Lage sein, den gesamten Spielverlauf in seinem Inneren zu spiegeln. Des weiteren ist es seine Aufgabe, die klaren und deutlichen Anweisungen des Trainers (den sich Leibniz als Superlibero oder Urmonade vorstellte) auf dem Platz umzusetzen, gleichsam als dessen verlängerter Arm. Dazu müssen beide die Taktik vor dem Spiel in allen Details miteinander durchgesprochen haben, muss sich ein Zustand „prästabilierter Harmonie" zwischen Trainer und Libero ausgebildet haben. Das Dumme war nur, dass ein unglückliches Gegentor in der dritten Minute die ganze schöne Harmonie schnell zunichte machen konnte, weshalb die Leibnizsche Vorstellung vom Fußballspiel als perfekt ablaufendes Uhrwerk (ein ausgesprochen barocker Gedanke) von erfahrenen Praktikern wie Locke und Hume nur müde belächelt wurde.

Mitte des 18. Jahrhunderts konnte man bei Europa- und Weltmeisterschaften die unterschiedlichsten Spielsysteme beobachten, die alle mit jeweils anderen fußballerischen Mitteln bemüht waren, das zum Problem gewordene Verhältnis von Spieler und Ball, von Subjekt und Objekt, von genialer Vorlage und holprigem Boden erfolgreich zu meistern.

VIII. Kants Steilpass – von Spielvernunft und reinen Kopfballstafetten

DER ERSTE, DER VERSUCHEN SOLLTE, die bodenständige englische mit der taktisch abgehobenen kontinentaleuropäischen Spielweise auf der Grundlage eines radikal neuen Spielverständnisses zu versöhnen, war der berühmte ostpreußische Fußballanalytiker Immanuel Kant. Kant ist der wohl wichtigste und einflussreichste Provinz-Coach der Fußballgeschichte. Alle lukrativen Angebote von Clubs wie Berlin oder Petersburg lehnte er stets dankend ab und begnügte sich damit, seinen über alles geliebten Regionalligisten Eintracht Königsberg zu betreuen, und in der restlichen Zeit über vergebene Chancen und syllogistische Spitzfindigkeiten zu grübeln. Ursprünglich war es gar nicht seine Absicht gewesen, ein Standardwerk über Fußball zu schreiben, denn er war nicht mehr der Jüngste und hatte bisher lediglich kleinere Schriften verfasst, zum Beispiel die Studie über „Die wahre Schätzung der lebendigen Kräfte der Spieler". Alles begann nun damit, dass ihn ein befreundeter Königsberger Sportreporter fragte, ob er nicht eine kleine Kritik über ein deutsch-englisches Freundschaftsspiel schreiben wolle (die in der Winterpause 1771/72 ausgetragene Begegnung war spielerisch eine ziemliche Zumutung und ist heute mit Recht längst vergessen). Voll gelehrter Inbrunst machte sich Kant an die Arbeit und soll ziemlich sauer reagiert haben, als man ihm 1781 nach glücklich vollbrachtem Werk bedeutete, das ganze wäre ein alter Professoren-Zopf, sprachlich nicht einmal für den Sportteil der FAZ geeignet, und überdies um 855 Spalten zu lang. So beschloss er seine alles zermalmende Kritik zur Abschreckung praxisferner Fußballschöngeister selbst zu publizieren.

Aufbauend auf einer sicheren Abwehr und einem systematischen Vorchecking versuchte Kant eine moderne und umfassende Fußball-lehre zu begründen. Dabei nahm er den Ball genau dort wieder auf, wo Hume ihn mit der Brust gestoppt hatte, jener berühmte Trainer-kollege, den Kant zeitlebens um seinen klaren und verständlichen Prosastil beneiden sollte. Kant selbst wirkte bei seinen Mannschafts-besprechungen am Flip-Chart stets etwas ungelenk und benutzte eine hölzern-abstrakte Sprache (die alles andere als bundesligatauglich ist).

„Wie sind synthetische Urteile *a priori* möglich?" – mit dieser verbalen Blutgrätsche machte er gleich zu Spielbeginn klar, wer von nun an Herr im Haus war, das im Übrigen eine sehr ausgeklügelte „Architektonik" besitzen sollte. In dieser Frage begegnet uns das alte Humesche Problem von Ursache und Wirkung, von Gesetzmä-ßigkeit und Spielpraxis, wieder. Ein anschauliches Beispiel für die-ses Problem ist die Frage: Wie kann ich als Trainer schon vor Ver-tragsunterzeichnung wissen, ob der neue Stürmer bei uns auch die zwanzig Tore schießt, die er bisher jede Saison geschossen hat? Dass es Streit geben wird, weil der Neue zehn, seine Stürmerkollegen aber nur zwei Millionen im Jahr verdienen, ist hingegen kein syn-thetisches, sondern vielmehr ein analytisches Urteil *a priori*.

Genaue Beobachtung, Probetraining und physiologische Tests, wie Locke sie gefordert hatte, reichten für ein sinnvolles Urteil al-lein niemals aus. Nein, nach Kant, war es unabdingbar, dass man zudem auch noch einen scharfen Fußballverstand mit genauen Be-griffen von den entscheidenden spielerischen Kategorien besaß, womit er sich der Leibnizschen Vorstellung vom Trainer als intelli-giblem Super-Libero stark annäherte. Erst aufgrund jahrelanger Erfahrung kann man beim bloßen Anschauen einiger Tricks und Kombinationen zu weiterreichenden Erkenntnissen kommen. Denn man muss dazu in der Lage sein, all diese einzelnen guten Ansätze vernünftig zusammenbringen, man muss sie mit Bewusstsein zu einem sinnvollen Ganzen, einer funktionierenden Mannschaft ord-nen. Und genau hier liegt das Problem, denn alle – Medien, Mana-ger, Fans – beanspruchen für sich diesen Fußballverstand zu besit-zen und versuchen andauernd dem Coach bei seinem ohnehin schwierigen Job dreinzureden. Kein Wunder, dass dieser schließlich wie bekloppt ständig vor sich hinmurmelt: „Ich denke, ich bin hier der Trainer, ich entscheide ganz allein" (Kant nannte das die „transzendentale Einheit der Apperzeption", eine taktisch abgeklärtere Variante von Descartes zweifelndem Trainer). Allein aus diesem Selbstbewusstsein erwächst dem von den Schlagzeilen der Tagespresse verwirrten Coach der Glaube, noch so etwas wie freie Entscheidungen treffen zu können. Mit diesem wichtigen Nachweis der Möglichkeit eines freien Willens im Fußball war die Voraussetzung geschaffen, die einzelnen Spieler in die Pflicht zu nehmen und für vergebene Torchancen sowie mangelnden Einsatz verantwortlich zu machen. Anders ausgedrückt: Die Zirbeldrüse war aus dem Schneider.

Aber Kant ging in seiner Analyse von Fußballverstand und Spielästhetik noch weiter. Die grundlegende Voraussetzung dafür, dass man überhaupt klare Spielzüge erkennen konnte, war nach Kant die Tatsache, dass das ganze Spiel nicht irgendwann und irgendwo, sondern in ganz bestimmten, vorgegebenen Formen der Anschauung ablief, nämlich auf einem Spielfeld (Raum) und innerhalb von 90 Minuten (Zeit). Damit hatte Kant klare Grenzen gezogen und apodiktisch verkündet, dass man sich in gewissen Bereichen (z. B. dem Strafraum) besser zurückhalten sollte. Das heißt, man sollte dort niemals zu riskanten intellektuellen Tacklings ansetzen und darauf spekulieren, dass der halbblinde Schiri schon nicht pfeifen wird. Im Hinblick auf die überzeitliche Geltung dieser Formen irrte Kant jedoch gewaltig. Denn die heute gängige Anschauungsform hat 78 cm Bildschirmdiagonale, Fernbedienung und einen amerikanischen Markennamen auf der Vorderseite, und seit es Superslowmotion gibt, hat sich auch die Geschichte mit der Zeit relativiert.

Bevor wir das – zugegeben etwas schwierige – Kapitel Kant verlassen, müssen wir noch kurz einen Blick auf ein zentrales Element seines ganzen Spielsystems richten, das sogenannte „Ding-an-sich". Mit dieser etwas umständlichen Formulierung bezeichnete Kant nichts anderes als den entscheidenden Pass, genauer gesagt denjenigen, der den entscheidenden Pass schlägt. Es geht also um den kurzen Moment der Ballabgabe und die wichtige Frage, ob die auf diesen öffnenden Pässen aufgebaute Kantische Spielweise letztendlich

Erfolg verspricht oder nicht. Für alle idealistischen Linienrichter und viele spätere neukantianische Fußballlehrer war Kant damit voll ins Abseits gerannt, während er selbst nie aufhören sollte zu beteuern, dass gerade sein System die „kopernikanische Wende" erfolgreich vollzogen habe. Seitdem gehörten die Abseitsentscheidungen stets zu den heikelsten Situationen eines jeden Spiels.

Im übrigen legte Kant großen Wert auf eine faire Spielweise. Nie stachelte er irgend jemanden zu einem taktischen Foul auf, sondern schärfte seinen Mannen ein, sich bei Zweikämpfen immer so zu verhalten, dass ihre Spielweise zur allgemeinen Maxime werden könne.

Kants ursprünglich nur als Kritik gedachtes Buch sollte den Fußball auf vielfältige Weise verändern, und ohne es beabsichtigt zu haben, wurde der Königsberger Provinz-Coach zum spielentscheidenden Vorlagengeber einer neuen, idealistisch gefärbten Richtung des Fußballs, die so manchen ballverliebten Individualspieler, aber auch einige großartige neue Spielsysteme hervorbringen sollte.

Schon einer seiner ersten direkten Nachfolger, der wort- und erfolgreiche Johann Gottlieb Fichte, wollte das ganze Geschrei um „Ding-an-sich" und Abseitspositionen nicht mehr so richtig verstehen. Er dachte: An sich ist die Sache doch ganz einfach, warum macht dieser „Dreiviertels-Kopf-Ballspieler" Kant das Ding nicht rein – wo er doch so schön frei steht?! Frei stehen, unbedrängt zum Schuss kommen, und dann die Früchte des Erfolgs ernten, das liebte er, das war so ganz nach Fichtes Geschmack. Harte Zweikämpfe lagen ihm nicht, nein, mit diesen Niederungen der Fußballarbeit Lockscher Prägung wollte er sich nicht abgeben. Er war schließlich ein freies Subjekt, also konnte er doch tun und lassen was er wollte. Was brauchten einen da noch irgendwelche Traineranweisungen zu kümmern, die französische Revolution der Mannschaftsaufstellung hatte damit ohnehin ein für alle mal Schluss gemacht – so glaubte er zumindest. Er war es doch, der nun das Team aufstellte, er war der Star, dem alle zujubelten und um den sich alles drehte. Was konnte er schon dafür, dass die anderen das nicht so recht verstanden?

Er war auf ihre unpräzisen Flanken und schlecht getimten Eckbälle doch nicht angewiesen, sie dafür um so mehr auf ihn, denn ohne seine genialen Einfälle konnte man doch das ganze Team vergessen. Und wenn er mal nicht traf, was soll's, jeder hat mal 'nen schlechten Tag! Nur dass die Medien ihn dann gleich als launische Diva, zimperliches Weichei oder Warmduscher beschimpften, das fand er wirklich nicht nett und schmollte schon mal zwei, drei Spieltage lang („Ich sag' nix, da könnt ihr lange fragen!"). Aber er wusste, spätestens wenn er den nächsten Traumfreistoß unhaltbar ins linke obere Eck zauberte, waren alle wieder völlig aus dem Häuschen und er würde wieder seine vielbeachteten „Reden an die deutsche Nation" halten.

Ein ganz anderer Spielertyp war sein berühmter Nationalmannschaftskollege Friedrich Wilhelm Joseph Schelling, der, wie viele begabte Fußballer, unter ihnen so schillernde Gestalten, wie Hölderlin, Hegel, Buchwald und Klinsmann, aus Schwaben stammte; nach dem schwäbischen Topstar Gottlieb Daimler wurde sogar ein ganzes Stadion benannt! Als typischer Allroundspieler ließ er sich nie auf eine bestimmte Position festlegen. Es reizte ihn einfach viel mehr, verschiedene Systeme und Spielentwürfe auszuprobieren. Sein großes Leitbild war der romantische Traum einer hohen idealistischen Fußballkunst; bei diesem Gedanken konnte seine sonst so ausgeprägte Spieldisziplin arg ins Schlegeln geraten. Zu seiner widersprüchlichen Natur gehörte es, dass er sich auch mit so unromantischen Dingen wie körperlicher Fitness und den biologischen Grundlagen des Sports befasste. Seine angetäuschten Dribblings, geschlenzten Außenristbälle und schnellen Drehungen um die eigene Achse waren einfach genial und öffneten immer wieder neue Räume. Dies erstaunt um so mehr angesichts der verbürgten Tatsache, dass er auf den ersten Blick eher plump und unbeholfen gewirkt hat. Der Fußballkultur-Historiker Burckhardt beschrieb sein Auftreten mit den eindrucksvollen Worten: „Ich dachte jeden Augenblick, es müsse irgendein Ungetüm von asiatischem Gott auf zwölf Beinen dahergewatschelt kommen". Seine Laufwege erwiesen sich auch tatsächlich oft als dunkel, und seine Mitspieler verstanden dann nicht so recht, was er mit diesem oder jenem überraschenden Pass beabsichtigte. Zuweilen verfolgte er fast so abgedrehte Spielideen wie sein kongenialer Sturmpartner aus Tübinger A-Jugend-Zeiten, der zart besaitete Friedrich Hölderlin, der nach überaus hoffnungsvollen Anfängen am tristen deutschen Bundesliga-Alltag zugrunde ging und als vereinsamter Sportschau-Seher in einer Tübinger Turmstube endete. Nachdem Schelling infolge eines wirklich erbärmlichen Unentschiedens (zu Hause gegen einen sicheren Abstiegskandidaten) zunehmend von dem Gedanken gequält wurde, warum überhaupt etwas wie Fußball existiere und nicht vielmehr nichts, verfiel er vollends der winterlichen Spielpausenmelancholie und beschäftigte sich fortan nur noch mit den letztendlich ergründlichen Geheimnissen brasilianischer Spielkunst und Heribertscher Fußballmystik.

Höhepunkt und Abschluss jener glorreichen deutschen Fußball-Ära bildet die dritte geniale Tübinger Entdeckung Georg Wilhelm Friedrich Hegel (Tübingen war für Berlin damals das, was der KSC später für die Bayern sein sollte, und man muss sich ernsthaft fragen, warum das Tübinger Stift mit seinem einmaligen Spielerpotential heute nicht selbst zu den führenden Bundesliga-Clubs gehört). Als Spieler und Trainer konnte Hegel alles – außer Hochdeutsch. Von ihm stammt der berühmte und oft missverstandene Satz, dass die reine Fußballkunst ihrer höchsten Bestimmung nach eine vergangene ist, und dass nun die Epoche der abgeklärten Spielvernunft beginne. Mit seiner dynamischen, auf historisch-dialektischem Vorchecking beruhenden Spielweise schuf Hegel eines der durchdachtesten Systeme der gesamten Fußballgeschichte. Mit Dialektik ist dabei allerdings weniger seine schwäbische Mundart gemeint, die manchem armen Berliner Jugendspieler das Verständnis seiner ohnehin schwierigen, taktischen Anweisungen zusätzlich erschwerte. Es geht dabei vielmehr darum, die Dynamik des Gegners durch ein geschicktes Umschalten von Abwehr auf Angriff zum eigenen Vorteil zu nutzen, was nach Hegel primär als geistige Bewegung zu sich selbst zu denken ist. Was zunächst kompliziert erscheint, ist „an und für sich" ganz einfach. Methodischer Dreh- und Angelpunkt ist für Hegel weder der Libero noch irgendein zentraler Mittelfeldspieler, sondern ein (erstmals vom idealistischen Filigrantechniker Fichte entwickelter) dialektischer Dreischritt, aus These, Anti-These und Synthese, in dem sich der ideale Spielzug entwikkeln sollte. Durch ihn erreicht man jene allseitige Entfaltung der fußballerischen Vernunft, die nach Hegel dem Spielerfolg, und obendrein der Fußballweltgeschichte als Ganzes, zugrunde liegt. Ein einfaches, wenn auch etwas realitätsfremd und konstruiert wirkendes Beispiel kann deutlich machen, was damit gemeint ist: Spieler A (wie „Auge") mäht Spieler B (wie „Basler Friede") in bester Schwarzenegger-Manier um (These). Spieler B wälzt sich zunächst mit schmerzverzerrtem Gesicht auf dem Boden, um dann plötzlich aufzuspringen und Spieler A mit voller Wucht umzustoßen (Anti-These). Daraufhin sehen beide Rot und dürfen sich den Rest des Spiels von der höheren Warte der Tribüne aus ansehen, wo sie, nach Hegel, ohnehin besser aufgehoben sind (Synthese). Hegel sah in dieser herausgehobenen Stellung einen eindeutigen Erkenntnisgewinn, selbst wenn dieser nur darin bestand, dass der Schiri keinen Spaß, und noch weniger von Dialektik, versteht. Derartige Überlegungen wird der materialistisch-nüchtern denkende Underdog-Coach „Kalle" Marx später als abgehoben und elitär brandmarken („Platzverweis ist Platzverweis und drei verlorene Punkte sind drei verlorene Punkte", die Manchester United Proletarians spielten schließlich gegen den Abstieg ins soziale Elend der Drittklassigkeit). Für Marx war Hegels Gefasel von Weltgeist, höherer Einsicht und Erkenntnisgewinn ein typisches Beispiel dafür, dass der affirmatividealistische Fußball (für die oberen Zehntausend in der Business-Lounge) unaufhaltsam seinem degenerierten Ende entgegenging – hauptsächlich deshalb, weil er einige kapitale Fehler in der Mannschaftsaufstellung gemacht hatte.

Doch dazu später mehr. Denn zuvor muss noch ein anderes wichtiges Grundelement aller idealistischen Spielsysteme angesprochen werden, das den gesamten europäischen Fußball ab 1800 entscheidend geprägt hat: die Idee von der Freiheit, Gleichheit und Brüderlichkeit aller Spieler (oder in den Worten Sepp Herbergers:

„Elf Freunde sollte ihr sein!"). Die Geschichte dieses Gedankens ist alt, seine praktische Umsetzung hat er aber erst in der von Fichte ebenso euphorisch begrüßten wie falsch eingeschätzten französischen Revolution der Mannschaftsaufstellung erfahren.

Der ganze Streit war bei einem an sich eher unbedeutenden Hallenturnier im Versailler Ballhaus entbrannt, sollte aber schon bald eine verhängnisvolle Eigendynamik entwickeln – man kennt das ja, sobald das erste Gerücht über personelle Veränderungen in der Nationalelf umgeht, fängt der ganze Zirkus an. Die ursprünglich verbandsinterne Debatte wurde durch kompromisslose Verfechter einer radikal-freiheitlichen Spielweise, wie Robespierre und Danton, auf die Straßen und Bolzplätze getragen, bis schließlich jeder französische Provinz-Club meinte, seinen an sich ganz passablen Trainer nun postwendend in die Wüste schicken zu müssen. Die fanatischen Fans der neuen Spielauffassung, die sogenannten „Sansculotten", auf die genau genommen der englische Ausdruck „Hooligans" weit besser zutrifft, setzten das Präsidium immer mehr unter Druck, und schließlich rollten nicht nur Bälle, sondern auch Köpfe. Dies hatte eine drastische Reduzierung des Kaders zur Folge, der selbst talentierte Spieler zum Opfer fallen konnten. Zwischenzeitlich sah es fast so aus, als würde auch noch der letzte Rest von Ordnung zugrunde gehen und das ganze Spielsystem in Chaos und Anarchie ertrinken.

Lange Zeit war nicht klar, wie sich der Fußball in Frankreich entwickeln würde und welche Folgen das für die europäische Spielkultur insgesamt haben würde. Die legendäre „Kanonade von Valmy" (20. September 1792), bei der ein bunt zusammengewürfelter Haufen französischer Amateure die hochbezahlten Profi-Kicker einer Europa-Auswahl mit 8:0 vernichtend schlug, brachte die Entscheidung. Der Weimarer Sportberichterstatter Johann „Wolfi" Goethe, in seiner Jugend selbst Stürmer mit leidenschaftlichem Drang zum Tor, kommentierte die Begegnung live – und zwar in bester Herbert-Zimmermann-Manier („Tooor! Tooor! Tor! Tor für Fußballneuland, halten Sie mich für verrückt, halten Sie mich für übergeschnappt, ich glaube auch Fußball-Laien sollten ein Herz haben").

Hinterher soll er zu einigen befreundeten preußischen Spielern gesagt haben: „Von hier und heute geht eine neue Epoche der Fußballgeschichte aus, und ihr könnt sagen, ihr seid dabei gewesen", einer der prophetischsten Sätze, die je im Fußball gesprochen wurden.

Doch noch ein Zweiter hatte die veränderten Zeichen der Zeit deutlich erkannt, ein kleiner, ehrgeiziger korsischer Mittelfeldstratege Namens Napoleon Bonaparte. Obwohl kein Trainer im klassischen Sinn, sondern mehr eine Art Teamchef (er ließ sich später sogar zum Kaiser krönen), sollte er das Antlitz der Welt des Fußballs ein für alle Mal verändern, was von seinem historisch-dialektisch denkenden Trainerkollegen Hegel, der den kleinen Korsen sehr bewunderte, als „Wirken des Weltgeistes" gedeutet wurde. Napoleon war ein Vorbild an Disziplin und Ausdauer, der als Spielertrainer und Kapitän seinen Mannen immer mit leuchtendem Beispiel voranging. Seine Angriffsformationen waren weithin gefürchtet. Er hat es als erster verstanden, das Spiel schnell und flexibel zu gestalten, und prägte so den französischen Fußball bis heute. Napoleon verstand es, die fähigsten Leute allein aufgrund ihres spielerischen Potentials auszuwählen und auf die richtige Position zu stellen, ohne je danach zu fragen, ob sie bereits einen Namen hatten oder von einem renommierten Club stammten. Er benutzte immer die neusten taktischen Mittel und war stets für eine Überraschung gut. Selbst mit den ausgefallensten Strategien war ihm nicht beizukommen. Als der englische Nationaltrainer einmal darauf verfallen war, mittels einer Kette von sieben Abwehrspielern nebeneinander, eine komplette Spielhälfte abzuriegeln (diese Strategie sollte als „Kontinentalsperre" oder „Catenaccio" in die Fußballhistorie eingehen), konterte Napoleon mit einer auf schnellen Antritten (à la Djorkaeff) und öffnenden Pässen (im Stile Michel Platinis) aufgebauten Angriffstaktik. Dass er letztlich trotzdem scheiterte, lag vor allem daran, dass ihm der Europameistertitel nicht reichte, dass er unbedingt das Doubel (Europa- und Weltmeisterschaft) wollte. Dabei spielte er letztlich über seine Verhältnisse, die Verletztenliste wurde immer länger und er hatte kaum noch Alternativen auf der Bank. Als seine Mannschaft vor dem entscheidenden Endspiel in Moskau dann auch noch von einer bösen russischen Grippewelle heimgesucht wurde, war das der Anfang vom Ende. Einige Jahre später versuchte er zwar ein Comeback, konnte sich aber international nicht mehr durchsetzen. Nach der katastrophalen Vorstellung seiner Mannschaft in Waterloo fauchte er gereizt: „Ich habe fertig" und zog sich auf eine schnuckelige Ferieninsel im Atlantik zurück. Die taktischen Impulse und das schwierige Erbe („die Flasche leer"), das Napoleon den neuformierten europäischen Nationalmannschaften mit auf den Weg gegeben hatte, sollte die Fußballexperten aber noch jahrzehntelang beschäftigen.

Dies galt auch für Deutschland, wo nach dem Tode Hegels, der zuletzt die Rolle eines preußischen Nationaltrainers eingenommen hatte, ein gewisser Niedergang der hohen Fußballkunst und eine Hinwendung zu den konkreten Aufgaben des Bundesliga-Alltags unübersehbar war. Die Kritik der Presse und zahlreicher praxisorientierter Jungtrainer schoss sich dabei immer mehr auf den einst verehrten Berliner Meister selbst ein. Karl Marx, von dem bereits oben kurz die Rede war, erklärte, es sei nötig, „Hegel vom Kopf auf die Füße" zu stellen beziehungsweise auf den grünen Rasen der englischen Arbeiterclubs. Mit viel sozialem Pathos verkündete er, dass das wahre Kapital einer Mannschaft jene Spieler seien, die sich für andere abrackerten, und dass ihnen dafür auch eine angemessene Entlohnung zustehe. Um seinen Angriffen gegen die bürgerlichen Abwehrketten mehr Nachdruck zu verleihen, machte er das linke Flügelspiel besonders stark. Allerdings übersah er dabei, dass man eine Mannschaft, die so einseitig spielt, leicht ausrechnen kann, und dass die spielentscheidenden Tore in der Mitte gemacht wurden. Was nützten selbst die schönsten Bananenflanken, wenn die Bälle vor dem Tor jämmerlich verhungerten, oder den gnadenlos-konsequent spielenden Klassenfeind zu selbstherrlichen Kontern einluden. Ohne ein solides Mittelfeld und ohne privilegierte Einzelspieler mit entsprechenden Freiheiten war die Spielklasse langfristig nicht zu halten. Da half es auch nichts, dass gewisse Nachfolger von Marx im 20. Jahrhundert eine gefürchtete Mauer-Taktik entwickelten und Bananenflanken (ganz gleich ob von Chiquita oder von Manni Kaltz) aus ideologischen Gründen nicht mehr konsumiert werden durften. Je länger das ganze Spiel ging, desto offensichtlicher wurde, dass ihr System am Ende war, dass man eine Partie nicht gewinnen kann, wenn die individuelle Bewegungsfreiheit der einzelnen Spieler derjenigen von Tischfußballfiguren gleicht. Auf die Dauer war das aggressive Vorchecking von Nike-Schuhen und Adidas-Shirts, von Coca-Cola-Feeling und Big-Mac-Verheißung, von lukrativen Werbeverträgen und tollen Traumreisen einfach unwiderstehlich.

Eigentlich brauchte das niemanden zu verwundern, denn schon seit Adam Smith (dem knallhart kalkulierenden Manager und berühmten Erfinder der „Zweikampfbilanz") müsste allgemein bekannt sein, dass jedes Spielsystem seinen Preis und jeder Spieler seinen Marktwert hat, ein Indikator, der sich ausschließlich nach Angebot und Nachfrage richtet. Fair und sozial gerecht ist das selten. Aber erstens gibt es (wie bereits gehört) im Fußball wie im Leben keine Gerechtigkeit. Und zweitens, was soll man von einem pragmatisch denkenden Exprofi, der, wie Adam Smith, durch die harten, desillusionierenden Schulen von Rehhagel, Hume und McKinsey gegangen ist, anderes erwarten?

Überhaupt sah man in den angelsächsischen Ländern die Sache mit dem Sport-Business weit weniger idealistisch, sondern argumentierte mehr vom Standpunkt der Nützlichkeit aus. Vor allem John Stuart Mill, der, von seinem ehrgeizigen Vater trainiert, schon mit 12 Jahren als Fußballwunderkind galt und später eine bedeutende Position innerhalb des englischen Verbandes einnahm, sollte den Gedanken einer übergeordneten Nützlichkeit zum Mittelpunkt seiner Spielweise machen, die man salopp auch als „Null-zu-Null-reicht-auch-Utilitarismus" bezeichnen könnte. Selbst bei den jämmerlichsten Darbietungen seiner Mannschaft hielt sich Mill stets an seinen berühmten französischen Trainerkollegen August Comte, der einmal ganz trocken festgestellt hatte, man müsse einfach immer nur das Positive sehen – nämlich den einen Punkt, der für den Einzug ins WM-Achtelfinale (als bester Gruppenzweiter) eben noch ausreicht. Zum Leidwesen seiner englischen Landsleute und zur Überraschung aller Freunde des idealistisch-schönen Fußballs zwischen Jena und Tübingen, sollten es aber gerade die deutschen Nationalmannschaften sein, die dieses utilitaristische Verhalten bei Europa- und Weltmeisterschaften am erfolgreichsten praktizierten – übrigens, bevorzugt in Halbfinalspielen und Elfmeterschießen gegen englische Teams.

IX. Die Geburt des „modernen Fußballs"

IDEALISTISCHE STARALLÜREN, linkshegelianische Personaldebatten und unansehnliches, pragmatisches Ballgeschiebe hatten dem Fußball insgesamt schwer zugesetzt, und so stand es Mitte des 19. Jahrhunderts schlecht um die europäische Spielkultur. Insbesondere der deutsche Fußball hatte seit den Zeiten Kants viel von seinem einstigen Glanz und Ansehen verspielt, ja einige Beobachter sahen bereits einen fußballerischen Nihilismus heraufziehen. Einer, der entschlossen gegen dieses Formtief ankämpfte, war der Frankfurter Trainertitan Arthur Schopenhauer, ein hochmotivierter Fußballlehrer, den man sich als eine Mischung aus Werner Lorant und Felix Magath vorzustellen hat. Seine hohen fußballerischen Ideale bezog er aus dem intensiven Studium der Kantschen Spielkritik sowie den Geschichten von packenden Pokalfights, wie sie der alte „Wolfi" Goethe, den der junge Arthur zusammen mit seiner Mutter oft in Weimar besuchte, unnachahmlich spannend zu erzählen wusste (manche Reporterkollegen sagten damals, an Goethe wäre ein großer Schriftsteller verloren gegangen). Das ganze Gerede von Ding-an-sich und Abseits, von einer Kluft zwischen Spieler und Ball stellte für Schopenhauer nur eine faule Ausrede dar, der er auf den vierfachen Grund zu gehen suchte. Seiner Meinung nach war es nichts anderes als Einsatzfreude, Entschlossenheit, Courage sowie der nötige Ernst, der den meisten deutschen Spielern abging. Für Schopenhauer war allein der Wille das an sich Entscheidende in der Welt des Fußballs. Wie oft war es schon geschehen, dass eine Mannschaft nach einem Platzverweis einzig aufgrund ihres entschlossenen Aufbäumens über sich hinausgewachsen ist und ein schon verloren geglaubte Spiel noch herumgerissen hat. Als energischer Fußballerzieher wurde Schopenhauer deshalb nicht müde, die hochbezahlten Jungprofis immer wieder zu ermahnen und sie hinsichtlich der verbindenden Kraft des Willens auf ihre eigene unmittelbare Erfahrung zu verweisen. Sein genialer Spielzug war, dass er jene vermeintlich trennende Dualität zwischen der subjektiven Intention „ich will den Ball treten" und der Beobachtung „mein Fuß tritt den Ball tatsächlich" (die, wir erinnern uns, den Descartschen Spielführer noch in Verzweiflung gestürzt hatte) zum positiven Ausgangspunkt seines ganzen Spielsystems machte. Anders gesagt: Der Wille, den Ball mit Effet zu schlagen, und die Vorstellung, wie dieser nach elegantem Flug im Netz landet, waren für ihn ein und dasselbe. Bei dieser neuen Taktik setzte Schopenhauer ganz auf genial veranlagte Ballkünstler und leidenschaftlichen Angriffsfußball, was ihm letztlich die Sympathien eines breiten Publikums einbringen sollte. Mit dem Posten des Nationaltrainers, den er insgeheim angestrebt hatte, wurde es trotzdem nichts. Der preußische Fußballverband wollte von dem als schwierig geltenden Trainerexoten, der gelegentlich sogar mit fernöstlichen Taktiken experimentierte, nichts wissen. Als Ausrede hieß es, man sei guten Willens, aber Schopenhauers Gehaltsvorstellungen seien einfach zu hoch. Er war daraufhin sehr gekränkt und seine Ansichten über die Zukunft des deutschen Fußballs wurden noch pessimistischer. So sollte es schließlich noch Jahre dauern, bis eine neue Generation Spieler (hier seien nur so prominente Namen wie Friedrich Nietzsche, Henri Bergson, Thomas Mann oder Sebastian Deisler genannt) herangewachsen war, motiviert und talentiert genug, um Schopenhauers moderne Spielauffassung in die Praxis umzusetzen.

Eines der größten Talente, die der europäische Fußball damals hervorgebracht hat, war der dänische Nationalkeeper Sören Kierkegaard. Kierkegaard stammte aus einer alten, fußballverrückten Kopenhagener Familie, und genau das sollte sein größtes Problem werden. Denn in jungen Jahren hatte Kierkegaards gleichfalls auf der Position des Torwarts spielender Vater einen folgenschweren Fehlgriff getan, der seine Mannschaft den Aufstieg kostete, und der, trotz freiwilligen Rücktritts des Vaters, seitdem der ganzen Familie wie ein böser Fluch anhing. Vielleicht kann man die ganze Profikarriere Kierkegaards als einen einzigen Versuch betrachten, diese persönliche Schmach auszuwetzen, zumindest aber erklärt sich so die besondere Sensibilität des hochbegabten Jungen. Obwohl er aufgrund seiner eher untersetzten Statur gar nicht unbedingt zum Torwart geeignet war, verfügte er über glänzende Reflexe, ein gutes Timing beim Herauslaufen, und verstand es obendrein hervorragend, mitzuspielen. Aber auch wenn er nach außen die Ruhe und Sicherheit eines Olli Kahn ausstrahlte, innerlich wurde er von der existentiellen Angst beherrscht, im entscheidenden Moment zu versagen. „Ich bin schuld, ich bin an allem schuld, ich hätte es verhindern können" – solche und ähnliche Gedanken schossen ihm nach jedem verlorenen Spiel durch den Kopf. Und daran änderte auch die Tatsache nichts, dass er alles in seiner Macht stehende getan, dass er ein gutes Dutzend 100%ige gehalten hatte, und dass letztlich seine völlig überforderten Verteidiger, die offenbar irgendeiner idealistisch-hegelianischen Spielauffassung anhingen und den Gegner nie energisch genug attackierten, das Spiel verloren hatten. Was nützten all die aufmunternden Worte von Hartmann, Kürten und Camus, *er* musste immer wieder hinter sich greifen, *er* war es, der betroffen war und seinen Kasten nicht sauber halten konnte. Diese Angstzustände fraßen ihn fast auf und nahmen manchmal groteske Formen an. So ist Kierkegaard beispielsweise der einzige Fußballprofi, von dem bekannt ist, dass er sich sogar vor zu aufdringlichen weiblichen Fans panisch fürchtete. Selbst die vom Vereinspsychologen angeordneten Sondertrainingseinheiten mit Sepp Maier und René Higuita konnten sein finsteres Gemüt nicht aufhellen. Nur vor einer Sache hatte dieser außergewöhnliche Torwart niemals Angst: vor Elfmetern. Denn er hatte als wesentlich erkannt, dass sich in solchen Momenten das ganze Spiel auf ein einfaches, aber existentielles „Entweder – Oder" reduzierte. Entweder würde er den Ball halten, dann wäre er der gefeierte Held, oder der Ball würde unhaltbar unter die Latte krachen, dann könnte ihm kein Mensch einen Vorwurf machen. Lange Zeit verstanden Journalisten und Sportexperten nicht so recht, was sie mit dem hochsensiblen Jungen und seinen quälenden Ängsten anfangen sollten, bis eine ganze Spielergeneration später plötzlich klar wurde, dass gerade in Kierkegaards Bereitschaft, selbst Verantwortung im Spiel zu übernehmen, und diese nicht bequem auf Trainer, Taktik oder schlechten Platzverhältnisse zu schieben, ein entscheidendes Qualitätskriterium des modernen Einzelspielers liegt.

Moralische Skrupel und quälende Selbstzweifel waren dem legendären Baseler Goalgetter Friedrich Nietzsche zumindest zu Beginn seiner bewegten Karriere völlig fremd. Nietzsche war ein in jeder Hinsicht ungewöhnlicher Spieler, der über die erstaunliche Fähigkeit verfügte, das Spiel aus jeder Perspektive zu überblicken und an sich zu reißen. In seiner Jugend hatte er die antiken Spielsysteme intensiv studiert und seine balltechnischen Fähigkeiten waren für jede Mannschaft ein Gewinn. Er hatte nur eine kleine Macke: er flippte leicht aus. Vor jedem Spiel zog sich Nietzsche die aufpeitschende Titelmusik von Rocky rein, denn er glaubte felsenfest an die Geburt des Siegeswillens aus dem Geist der Musik. Als er seinen bis dahin besten Freund Richy Wagner aber dazu bringen wollte, die fesche Polizeikapelle zu dirigieren und auch noch die Rocky-Hymne verlangte, endete das ganze in einer persönlichen Tragödie; Wagner soll diese amerikanische Musikprovokation beim nächsten Heimspiel in Bayreuth mit dem Parsifal-Motiv gekontert haben. Auf dem Spielfeld benahm sich Nietzsche denn auch mehr wie Rambo, wobei dem Schiri die Rolle des fiesen Provinz-Cops zukam. Nietzsche hatte einen unbändigen Willen zum Sieg und nutzte die allzumenschlichen Schwächen der gegnerischen Abwehrspieler gnadenlos aus. Er hatte aber absolut kein Verständnis dafür, dass so lasche Typen, die beim kleinsten Rempler schon umfielen, von den Schiris auch noch in Schutz genommen wurden. Seiner Meinung nach hatten solche Muttersöhnchen – wobei er vor allem an Apollon, Augustinus, Fichte und Co. gedacht haben soll – nichts auf dem Platz verloren. Da schätzte er schon mehr so richtig geradlinige Kerle, Vollblutfußballer wie Dionysos, Heraklit und Hume, die auch schon mal aus 25 Metern einfach draufhielten. Er pfiff auf die gängige Spielmoral und betrieb auch außerhalb des Platzes die Umwertung aller abstiegsverdächtigen Werte. Von ihm soll der Ausspruch stammen: „Willst du die Starken oben sehn, musst du die

Moraltabelle drehn". Nach der dritten roten Karte in einer Spielzeit wurde es seinem Trainer Zarathustra zu bunt. „Also", sprach dieser, „entweder Du reißt Dich jetzt zusammen, oder Du fliegst aus der Mannschaft". Nietzsche grübelte kurz über Nutzen und Nachteil der ganzen Geschichte für sein weiteres Fußballerleben und befand dann, dass ihn hier doch immer nur die ewige Wiederkehr des gleichen Moralgefassels erwarte, und dass in Italien ohnehin mehr zu verdienen sei. So wechselte er in der Spielzeit 1888/89 zu Juve nach Turin. Dort wurde er innerhalb kürzester Zeit zum herausragenden Spieler, dem man geradezu übermenschliche Qualitäten zuschrieb. Doch da passierte es. Gerade als seine Mannschaft das Pokalfinale gewonnen hatte und das ganze Stadion den Queen-Klassiker „We Are The Champions" grölte, hatte er dieses irre, wahnsinnige Gefühl, jenseits von Gut und Böse zu stehen, ein seeliges Entrücktsein, das ihn bis zum Ende seines Lebens nicht mehr verlassen sollte.

Eine derartige Gefahr bestand für den aus Proßnitz stammenden und beim SC Freiburg großgewordenen Mittelstürmer Edmund Husserl nicht. Husserl war ein Phänomen, und phänomenal waren auch seine Tore. Erfolgreicher Fußball hatte seiner Meinung nach nichts mit psychologischer Aufbauarbeit des Trainers und schon gar nichts mit idealistischer Schönspielerei zu tun, sondern hing einzig und allein davon ab, dass der Stürmer clever ist und im subjektiven Vollzug des Schusses das Tor nicht aus den Augen verliert. Er hatte eine radikal einfache, aber sehr erfolgreiche „Methode" entwickelt: Er stand einfach immer im richtigen Moment (sozusagen *„a priori"*) da, wo der Ball war, den er dann logischerweise nur noch reinzuschieben brauchte. Husserl verfügte über diesen unbedingten Torinstinkt, diesen angeborenen Riecher, den er auch seine „apodiktische Intuition" nannte, eine im Profifußball sehr seltene Gabe, die außer ihm höchstens noch Gerd Müller, Oliver Bierhoff und Maurice Merleau-Ponty in so großer Vollkommenheit besitzen sollten. Immer wieder betonte er in ausgedehnten Interviews, wie wichtig es sei, seinen Gegenstand, also den Ball, nie aus den Augen zu verlieren, und erklärte die Ballnähe zum „Prinzip der Prinzipien". Dies sei aber nicht so zu verstehen, dass man ballverliebt (Husserl selbst benutzte gern die Formulierung „wie verschossen") hinter dem runden Leder herzujagen brauche. Im Gegenteil, der erfolgreiche Stürmer zeichne sich gerade dadurch aus, dass er es versteht abzutauchen, sich lange Zeit völlig neutral zum Geschehen auf dem Spielfeld zu verhalten („epoché"), um dann plötzlich hellwach zur Stelle zu sein und – im Stil eines Michael Owen – das Tor zu markieren. Husserls ebenso effektive wie attraktive Spielweise, mit sehenswerten Einlagen wie Seitfallrückziehern und Dropkicks mit der Hacke, sollte schon bald viele Bewunderer finden; und „Eddi" selbst wurde so populär, dass er schließlich sogar einen eigenen Fanclub hatte, der sich „Husserliana" nannte und bis heute ein eigenes Magazin herausgibt.

Doch damit befinden wir uns schon mitten im kommerziellen Fußballbetrieb des 20. Jahrhunderts, dessen elementaren Grundlagen wir uns nun näher zuwenden wollen.

X. Von Angriffswellen und der Relativität des Ruhmes

DAS 20. JAHRHUNDERT SOLLTE mit einem fußballerischen Doppelschlag beginnen. Kaum, dass im Januar 1900 der DFB offiziell gegründet war, erreichte Spieler, Trainer und Fans nur elf Monate später die Nachricht, dass ein gewisser Max Planck bei der Analyse hitziger Tempovorstöße in den leeren Raum, die Existenz unerwartet sprunghafter Ballabgaben (in Form „diskreter Energiequanten") entdeckt hatte. Die Folgen dieser Entdeckung sollten die Welt des Fußballs bis in ihre elementarsten Grundlagen erschüttern. Als ob die cartesianische Trennung in Spieler und Ball nicht schon schlimm genug wäre, drohte jetzt auch noch eine Dualität von Ball und Welle! Zum ersten Mal konnte wissenschaftlich untermauert werden, was verständige Fußballfreunde schon immer befürchtet hatten. Denn Planck und anderen großen Fußballtheoretikern wie Heisenberg, Schrödinger und Weisweiler gelang es, folgendes nachzuweisen: Auch wenn eine Angriffswelle nach der anderen auf das gegnerische Tor zurollt, so bilden die einzelnen Schüsse stets konkrete Einheiten, die in „Tor" oder „drüber", in „drin" oder „nicht drin", gequantelt sind. Doch nun kommt das Entscheidende: Wie sich eine Angriffswelle vor dem Tor (das sie auch mit dem nüchternen Terminus „Doppelspalt" bezeichneten) verhält, ob aus ihr ein unhaltbarer Torschuss wird oder ob sie im gegnerischen Strafraum interferierend versandet, lässt sich vorher nicht sagen und trotz bester Taktik nie genau vorausberechnen. Noch schlimmer, selbst nachdem der Ball den Fuß des Schützen längst verlassen hat, kann der Torhüter (von Planck und Co. auch „Experimentator" genannt) das Endergebnis noch entscheidend beeinflussen. Damit war ein für alle mal nachgewiesen, dass es bestimmte Bereiche im Fußball gibt, die sich mit den klassischen taktischen Mitteln nicht meistern lassen, sondern nur noch mit Hilfe der Wahrscheinlichkeitsrechnung („Ich rechne fest damit, dass wir es sehr wahrscheinlich schaffen werden, die Klasse zu erhalten"). So etwas wie eine „todsichere Taktik" kann es demzufolge nicht geben, und auch wenn Bayern auf einen Regionalligaclub trifft, ist ein klarer Sieg nicht vorprogrammiert. Vielmehr bleibt nach Heisenberg immer eine gewisse Unbestimmtheitsrelation bestehen, die, bei konstantem Wirkungsquantum der Stürmer, alleine von der Torfrequenz derselben abhängig ist. Ja, gerade wenn man auf ganz, ganz kleine Clubs trifft, wirken sich diese sogenannten „Quanteneffekte" (1:0 und man ist aus dem Pokal raus!) besonders stark aus – und in den Pressereaktionen sogar geradezu verheerend. Doch auch im Bundesliga-Alltag ist jeder Flankenball, wenn man so will, nichts anderes als eine bestimmte Form von Angriffswelle, zu der man sogar eine genaue Wellenlänge berechnen kann (die sogenannte „De Broglie-Wellenlänge", die allerdings nichts mit „La Ola" zu tun hat). Manche Trainer wechselten als Folge der neuen Erkenntnisse von einer atomistischen Manndeckung zu einer flexiblen, raumorientierten Viererkette und lösten die Position des Libero auf. Eine Umstellung, die an Feldspieler, Torwart und Trainer völlig neue Anforderungen stellten sollte. Planck selbst, der ursprünglich ein Anhänger idealistisch-harmonischer Spielsysteme und nach eigener Aussage „bedenklichen Abenteuern abgeneigt" war, zeigte sich über die Folgen seiner Experimente für den Fußball sehr überrascht und soll das ganze später als „einen Akt der Verzweiflung" und ein im Dienste der Wissenschaft notwendiges „Opfer an seinen bisherigen Überzeugungen" bezeichnet haben.

Doch andere hatten den Ball längst aufgenommen und machten die Steilvorlage Plancks zur Grundlage eigener spielerischer (Gedanken-)Experimente. Allen voran stürmte der geniale Ulmer Spielmacher, der legendäre Albert Einstein, dem als erster der mathematische Nachweis dafür gelang, dass Erfolg – besonders bei Trainern – sehr relativ ist und speziell damit zusammenhängt, wie schnelllebig die Zeit ist (Spezielle Relativitätstheorie). Von dieser Einsicht begeistert, machte sich Einstein daran, das Phänomen der Relativität noch umfassender zu begründen. Mittels sogenannter „Hoeneß-

Hitzfeld-Gleichungen" versuchte er das Arbeitsplatz-Zeit-Kontinuum eines Trainers mit der Anziehungskraft seiner Person auf die Journalisten im Presseraum in Korrelation zu setzen (Allgemeine Relativitätstheorie). Er machte sich auch Gedanken über eine vereinheitlichte Weltformel des Fußballs, der bis heute alle Stammtisch-Bundestrainer und BILD-Kolumnisten nachjagen, und die etwa so beginnen könnte: „Die Wurzel des Erfolgs ist gleich Geldmasse mal Energie plus Zeit minus Vereinsintrigen". Als Nebenprodukt dieser Überlegungen ergab sich seine berühmte Formel der Äquivalenz von Masse und Energie $E = m \times c^2$, wobei E für Energie, m für Masse und c für die sogenannte „Lichtgeschwindigkeit" steht. Mit diesem so harmlos anmutenden Begriff bezeichnet Einstein jene kritische Geschwindigkeit, mit der ein Verteidiger, gleichsam „wie der Blitz", dem Stürmer in die Beine fährt, die aber nicht mit der Boltzmann-Konstante verwechselt werden darf. Nachdem praxisorientierte Sportphysiologen unter der Leitung von Robert Oppenheimer später mit Schrecken feststellten, welche enorme Energien bei den Attacken kritisch-massiger Spieler freigesetzt werden können, wurde das Tragen von Schienbeinschützern zur allgemeinen Pflicht. Zu Ehren des kernigen antiken Trainers Demokrit nannte man diese freigesetzte Energie etwas pathetisch „Atomkraft" oder – im übelsten Fall – auch „Knochen-Kernspaltung".

Doch das waren noch nicht alle Neuerungen, die damals über Spieler, Trainer und Fans hereinbrachen und die (schönste Nebensache der) Welt in ihren Grundfesten erschütterten. Noch zwei weitere einschneidende Erfahrungen sollten den Fußball und alle zukünftigen Denksportler nachhaltig prägen. Die erste ging von dem Wiener Sportpsychologen Sigmund Freud aus, der erstmals die enorme Bedeutung des Unterbewussten und der Träume im Fußball klar herausstellte. Auf diesen beiden Problemfeldern baute Freud seine ganze komplexe Lehre der verdrängten Spieltriebe auf. Wie Freud sich die Abläufe innerhalb der Spielerpsyche vorgestellt hat, kann man sich an folgendem Beispiel aus der Psychopraxis klarmachen: Das ICH, ein armer kleiner hoffnungsvoller Nachwuchsspieler, steht nervös auf dem Platz. Hoch über ihm auf der Tribüne thront der Bundestrainer (ÜBER-ICH), um mit abschätzenden Blikken seine natürlichen Anlagen und Spieltriebe zu beobachten und ihm notfalls später ins Gewissen zu reden. Da kann ES dann schon mal passieren, dass im Eifer des Gefechts etwas daneben geht, dass man statt abzuwehren, den Ball ins eigene Tor lenkt. Wenn man dann nach dem Spiel ganz zerknirscht dreinblickt und wie ein weinerliches Muttersöhnchen reagiert, kann dies schnell zu einem gefährlichen „Ödipus-Komplex" führen. Einem solchermaßen traumatisierten Spieler hilft dann, Freud zufolge, nur noch eine mehrmonatige psychoanalytische Therapie, bei der am Ende vermutlich herauskommt, dass ihm seine größere Schwester als Kind immer den hübschen rosa Ball weggenommen hat, beziehungsweise dass ihm seine Mutter strengstens verboten hat, überhaupt mit seinen Bällen zu spielen.

Katastrophaler war freilich die letzte allgemein prägende Erfahrung jener Jahre, die militanten Auseinandersetzungen, die bei einem internationalen Kräftemessen 1914 entbrannten. Plötzlich redete man davon, dass sich ein Stürmer durch die gegnerische Abwehr „tankt" und bezeichnete einen strammen Torschuss als „Granate" oder „echte Bombe". Vergessen waren Fairplay und Vernunft. Kurz, das ganze brutale Gemetzel hatte mit Sport nichts mehr zu tun, und sollte den Glauben an die völkerverbindende Kraft eines schönen, guten und fairen Fußballs für viele Jahre zerstören.

Dies war der traurige und, nach Freud, höchst komplexe Hintergrund, vor dem der junge Ludwig Wittgenstein seine einzigartige internationale Karriere begann. Wittgensteins Spielerlaufbahn war von vielen Brüchen, Wechseln und nur schwer diagnostizierbaren inneren Verletzungen geprägt. Nach A-Jugendzeiten in Linz und Wien sammelte er in Manchester erste Profierfahrungen, wechselte dann aber schnell ins spielerisch höher stehende Team von Cambridge Trinity, wo er von den beiden englischen Trainerlegenden Berti Russell und George Eddi Moore (welche die Methoden der analytischen Spielkritik entscheidend verfeinert hatten) betreut und gefördert wurde. Obwohl er über außergewöhnliches spielerisches Genie verfügte, komplett beidfüßig war und sehenswerte Kabinettstückchen wie den Matthews-Schnippler perfekt beherrschte, blieb er stets ein sympathischer, ja geradezu bodenständiger Junge, dem Publicity und Starallüren (Marke Romario) absolut zuwider waren. Nur seine spontanen Vereinswechsel muteten mitunter recht exzentrisch an. Denn ungeachtet dessen, dass der einflussreiche Berti in ihm einen zukünftigen Nationaltrainer sah, gab er Anfang der zwanziger Jahre, kurz vor Erscheinen seines ersten kleinen Traktates über Spieltaktik, die vielversprechende Profikarriere in England auf, um bei dem niederösterreichischen Dorfclub Trattenbach als Jugendtrainer zu arbeiten. Doch die überzogenen Erwartungen ehrgeiziger Eltern, die alle glaubten, der ehemalige Profi würde gerade ihr Kind zu einem Superstar machen, gingen ihm schließlich so auf die Nerven, dass er den Job wieder aufgab. In den folgenden Jahren betätigte er sich dann als Gärtner und Platzwart, spielte zeitweise in der Wiener-Kreis-Liga und entwarf für seine Schwester Margarete, eine engagierte Verfechterin des Frauenfußballs und glühende Verehrerin von Schopenhauer und Kierkegaard, ein neues Vereinsheim.

Vielleicht war es die moralische Regellosigkeit und mangelnde spielerische Disziplin, die den sensiblen, asketischen und nach Vollkommenheit strebenden Wittgenstein am Profifußball am meisten gestört hat. Schon in seinem frühen Traktat hatte er versucht, ein umfassendes, durch und durch logisches (ja sogar durchnummeriertes) Regelwerk für alle zukünftigen Spieler und Trainer aufzustellen. Einer der darin enthaltenen Grundsätze besagt zum Beispiel, dass nur schöner Fußball guter Fußball sein könne, denn „Ethik und Ästhetik sind eins (6.421)". An anderer Stelle betont Wittgenstein, wie wichtig es ist, Tatsachenentscheidungen des Schiedsrichters zu akzeptieren: „Eines kann der Fall sein oder nicht der Fall sein und alles übrige gleich bleiben (1.21)". Und auch wenn der Pfiff des Schiris noch so ärgerlich sein mag, es gilt immer: „Was der Fall ist, die Tatsache, ist das Bestehen von Sachverhalten (2)" und „ein Elfer ist alles, was im Strafraum der Fall ist (1:1, wenn Breitner trifft)". Schließlich kehrte Wittgenstein aber doch wieder zu seinem alten Club nach Cambridge zurück und versuchte sich als Profitrainer. Doch als er merkte, dass Konditionsübungen, Kurzsprints und Liegestützen einfach nicht seine Welt waren, wandte er sich mehr und mehr vom einengenden Trainingsbetrieb ab und der praxisorientierten Untersuchung fußballspezifischer Sprachspiele zu. Dabei gelang es ihm, knifflige Grundfragen des alltäglichen Sprachverständnisses zwischen Schiri und Spieler zu klären („Wenn du sagst, du sähest etwas Rotes in der Vorstellung, so wird es eben rot *sein*" – 386). Trotz – oder gerade wegen? – Wittgensteins entschiedener Weigerung, den Posten des englischen Nationaltrainers zu übernehmen, sollte er eine der einflussreichsten Spieler- und Trainergestalten dieses Jahrhunderts werden. Traurig ist nur, dass sein größtes Vermächtnis, das er allen Trainern und Spielern mit auf den Weg in die Kabine geben wollte, bis heute am wenigsten beherzigt wird. Die Rede ist von Wittgensteins apodiktisch-flehendlicher Aufforderung: „Wovon man nicht sprechen kann, darüber muss man schweigen (7)".

Besonders viel wurde damals über einen anderen herausragenden Einzelspieler geredet, den zweiten Freiburger Topspieler Martin Heidegger. Heidegger fühlte sich als geistiger Nachfolger des antiken Freistoßkünstlers Parmenides, und wie sein großes Vorbild, so verband auch ihn ein fast schon intimes Verhältnis mit der kleinen, runden, an-sich-seienden Kugel. Immer wenn er sich den Ball vor einem Freistoß zurechtlegte, streichelte er zärtlich dessen absolut perfekte Rundung, und manche behaupten gar, er hätte mit ihm geredet beziehungsweise gewartet, dass dieser ihn anspricht. Sein zweites großes Vorbild war Husserl, den er um sein angeborenes Talent, immer zur richtigen Zeit da zu sein, wo der Ball war, sehr beneidete. In einer kleinen Schrift mit dem äußerst publikumswirksamen Titel „Sein und Zeit" – ursprünglich wohl für BILD oder das *kicker*-Sportmagazin geschrieben – analysiert Heidegger das „In-Sein" und das „In-der-Weltauswahl-sein" des Topstars in bewusst einfachen Worten. Heidegger hätte auch gern einen so abgeklärten und phänomenalen Fußball gespielt, aber er wusste nur zu gut um diese eigentümliche Angst, diese existentielle Sorge, die jeden Spieler in bestimmten Situationen quält: das schreckliche Bewusstsein, „man" könnte nach torloser Verlängerung den entscheidenden Elfmeter verschießen. Dann trauert man all den vergeben Chancen nach und fühlt sich wie Marcel Proust auf der Suche nach der verlorenen Zeit. Eigentlich hasste er es, wenn Stürmer unentschlossen ans Werk gingen oder sich nicht richtig ins „Zeug" legten. Und das Paradoxe war, dass er es in belanglosen Freundschaftsspielen durchaus verstand, Elfer und Freistösse genial zu verwandeln. Aber sobald es ernst wurde, fühlte er sich von einem grausamen Schicksal aufs Spielfeld geworfen; und noch bevor er das Spiel kreativ gestalten und die Initiative ergreifen konnte, war sie wieder da, diese Angst und dieses quälende Bewusstsein eines verhängnisvollen Seins-zum-Tore.

Ursprünglich spielte Heidegger im zentralen Mittelfeld, wechselte dann aber mehr und mehr auf die rechte Seite, wo er Gegner und Mitspieler mit schnellen Drehungen und überraschenden Kehren sehr verwirrte. Mit der Zeit wurde seine ehemals elegante Spielweise aber immer härter und kampfbetonter, sodass nach mancher hitzigen Begegnung sein Trikot mit hässlichen Flecken überzogen war.

Insgesamt wurde das Klima im europäischen Fußball damals immer frostiger, und jede Spielzeit wurden mehr gelbe und rote Karten vergeben als in der vorhergehenden. Bedenklich war auch, dass sich die sogenannten „Fans" in zwei große Lager, einen rechten und linken Block gespalten hatten, die sich bald erbitterte Straßenschlachten lieferten. Dies hat den hellsichtigen spanischen Fußballsoziologen Ortega y Gasset dazu veranlasst eine „schwere moralische Krise" der europäischen Fußballkultur zu diagnostizieren. In seinem Buch „Der Aufstand der Massen" (das als Grundlagenarbeit über das Gruppenverhalten von halbgebildeten Hooligans gelten kann) warnte er besonders vor zwei Auswüchsen des Profifußballs, vor „gelehrten Ignoranten" und „zufriedenen jungen Herren".

Seit dieser Zeit ist es „in", den Fußball soziologisch zu betrachten. Zwei, die das besonders ausgiebig taten, waren Theodor W. Adorno und Max Horkheimer. Schon in ihrer aktiven Zeit waren die beiden ein starkes Angriffsduo und absolut unzertrennlich. Wenn der eine zu einem neuen Verein wechselte, und sei es auch irgendein kleiner Uni-Club in den Staaten, wechselte der andere gleich mit. Man sagt, dass sie als erste den doppelten dialektischen Doppelpass perfekt gespielt hätten. Später gründeten die beiden die legendäre „Frankfurter Fußballschule", wo sie sich der kritischen Analyse historischer und gegenwärtiger Spielsysteme widmeten. Dabei entdeckten sie, dass der ganze moderne Fußball von einer unheilvollen „Dialektik der Aufklärung" begleitet wird. Sie manifestiert sich besonders dort, wo es um Macht und Herrschaftsverhältnisse auf dem Rasen geht – etwa, wenn der vorsichtige Versuch, Licht ins Dunkel eines vermeintlichen Elfers zu bringen („He Schiri, Du Depp hast wohl Tomaten auf den Augen!"), den Mann in Schwarz erst Recht Rot sehen lässt.

Adornos eigentliche Leidenschaft galt jedoch der Kulturindustrie, dem weiten Feld der Fan-Artikel und der Musik. Zusammen mit Doktor Faustus, dem geheimnisumwitterten Teamarzt der deutschen Exil-Mannschaft, widmete er sich musiksoziologischen Fragen. Natürlich ging es auch dabei nicht ganz ohne Fußball. So suchte man nach den ethnologischen Wurzeln so bekannter Stadionhits wie „Zieht den Bayern die Lederhosen aus", machte sich Gedanken über atonales Fan-Gegröle oder studierte weihevolle Fußballgesänge wie „Und wir holen den Pokal halleluja". Dieses besonders nach Halbfinalen sehr beliebte Lied soll, nach den Recherchen von I. Jones, ursprünglich mit fußballbegeisterten Gralsrittern nach Mitteleuropa gekommen sein, doch ist die Quellenlage hier, wie bei allen nur mündlich überlieferten Texten, sehr dürftig.

Damit kommen wir zu den Ursprüngen eines anderen populären Schlachtgesanges mit dem beschwörenden Text „Berlin, Berlin, wir fahren nach Berlin", den amerikanische und sowjetische Nationalstürmer 1945 erstmals intonierten, bevor sie im Berliner Finale eine von geistlosem Anti-Fußball geprägte Pseudoweltmeisterschaft siegreich beendeten. Die mit bisher nicht gekannter Brutalität ausgetragenen Begegnungen sollten den Fußball ein für alle Mal verändern. Die Erschütterung darüber, dass sich abermals eine derartige Unkultur breit gemacht hatte, und dass sie wiederum von einem Land ausgegangen war, das einstmals so großartige und um Fairness bemühte Sportsmänner wie Lessing und Kant, wie Hölderlin und Heine hervorgebracht hatte, saß bei allen aufrichtigen Freunden des Denksports sehr tief. Alle idealistischen Spielauffassungen waren fragwürdig geworden und immer mehr hegten Zweifel am Sinn des ganzen Spiels und an der Existenz höherer Regeln.

Einer der zeitlebens mit diesen elementaren Zweifeln rang, war der für viele vorbildhafte französische Starschiedsrichter Jean-Paul Sartre, den alle immer nur den „Mann in Schwarz" (oder „MIB") nannten. Er wusste schmerzlich, dass in seiner Hand die ganze Verantwortung für einen geregelten Spielverlauf lag, der eine wichtige Voraussetzung für das Gelingen jeder Partie ist. Sollte er das Spiel großzügig laufen lassen, oder gleich bei jedem kleinen Rempler pfeifen? Sicher, es gab vorgefasste Regeln und Richtlinien, aber diese mussten ja immer wieder neu ausgelegt werden, und wenn das Spiel begann, war er allein auf dem Platz und hatte die schwierige Aufgabe, zu entscheiden. Sartre wusste, auch ein Nichtstun, ein Weiterspielenlassen war eine Form von Handeln. Ein zentrales Gegensatzpaar bildet immer das „Sein" und das „Nichts", das Foul und die Schwalbe. Bei wichtigen Entscheidungs-Spielen galt dies ganz besonders, zum Beispiel dann, wenn ein Elfmeterpfiff über Abstieg und Klassenerhalt entscheiden konnte.

Und noch etwas machte ihm arg zu schaffen: Wenn er gut pfiff, kümmerte das keinen Menschen, aber wenn er einmal grob daneben lag, dann prügelten alle auf ihn ein, von der Zeitlupenregie (die aus fünf verschiedenen Kameraperspektiven zeigte, dass das Tor Abseits war) über die Spieler, Trainer und Manager bis hin zu den Sportseiten am nächsten Tag. Manchmal überfiel ihn dann ein regelrechter Ekel, eine tiefe Abscheu vor der Absurdität des Schiedsrichter-Daseins. Aber gerade aus solchen Momenten der Niedergeschlagenheit, des existentiellen Alleinseins vor dem Nichts des leeren Kabinenganges, erwuchs ihm der Wille zum Durchstehen, eröffnete sich ihm die Größe der menschlichen Freiheit. Dann wurde ihm auch klar, dass jeder Spieler, der auf den Platz geht, letztlich für sich selbst verantwortlich ist, und kein Schiedsrichter, Mitspieler oder Trainer für seine Fehler zur Rechenschaft gezogen werden kann. Er hatte es in der Hand, sich selbst zum Star oder zur wehleidigen Mimose zu machen.

Mit dieser Einsicht hatte Sartre aus der Not Kierkegaards und der Angst Heideggers eine Tugend der eigenverantwortlichen, spielerischen Freiheit gemacht. So verwundert es nicht, dass eine ganze Generation junger Spieler von der Person und Autorität Sartres stark beeindruckt war. Als Sartre das Schiedsrichteramt wegen seiner immer stärker werdenden Kurzsichtigkeit aufgeben musste, und fortan im Nachwuchsbereich von Paris Saint-Germain arbeitete, war der Zulauf lernbegieriger junger Leute geradezu überwältigend. Als Zeichen der Verbundenheit mit ihrem Schiedsrichteridol trugen sie stets schwarze Kleidungsstücke, ungeachtet der Tatsache, dass Sartre selbst längst schicke helle Mäntelchen bevorzugte, womit er zum modischen Vorkämpfer jener Armani-Boss-Fraktion wurde, die heute die Trainerbänke von Bonn bis Berlin beherrscht.

XI. Spiel-Moral und Fernseh-Rechte: „The medium is the message"

MIT SARTRES ENTWURF einer neuen, eigenverantwortlichen Freiheit der einzelnen Spieler sollte die Zeit der großen taktischen Systeme erst einmal zu Ende gehen. Die meisten Trainer und Fußball-theoretiker wandten sich nun verstärkt den praktischen Problemen des Liga-Alltags zu. So kam der einflussreiche, englische Fußball-lehrer Sir „Charlie" Popper nach langen empirischen Studien zu der Überzeugung, dass besonders bei Journalisten beliebte Aussagen wie „der todsichere Elfmeterschütze" oder „der absolut faire Spieler" nie endgültig zu verifizieren sind. Denn auch wenn der Spieler XY bisher jeden Elfer in seinem Leben sicher verwandelt hat, so reicht doch ein einziger Verschossener aus, um den Mythos von seiner Unfehlbarkeit ein für alle Mal zu zerstören (und eigentlich ist uns der ganze Streit um Worte und Superlative ja auch egal, Hauptsa-che ist, dass der Andi Brehme damals im Finale getroffen hat!). Trotz-dem ist es nach Popper sinnvoll, ja sogar notwendig, solche Aussa-gen aufzustellen und als fette *Headlines* zu drucken. Denn dadurch wird überhaupt erst die Möglichkeit geschaffen, diese ursprünglich rein hypothetischen Aussagen an der Spielpraxis zu testen und spä-ter – in einem zweiten Artikel („Aus und vorbei! Southgate ver-schießt ersten Elfmeter in seiner Laufbahn und bringt England ums Finale") – wieder zurücknehmen zu können, wobei man dann den tatsächlichen Qualitäten des Spielers ein klein wenig näher gekom-men ist.

Ebenfalls durch empirische Beobachtung gelangte der Sport-journalist Thomas „Sam" Kuhn zu seiner berühmten Theorie der vereinsinternen Revolutionen. Kuhn stellte fest, dass ein Trainer-wechsel immer nach ein und demselben Schema abläuft. Ein neuer Trainer kommt und führt ein neues, an die jeweiligen Anforderungen genau angepasstes Spielsystem ein (von Kuhn auch „Paradigma" genannt). Dieses funktioniert meist eine gewisse Zeit ganz gut und bringt entsprechende Erfolge. Doch irgendwann werden vorher nicht erkennbare Grenzen erreicht, die Widersprüche innerhalb der Mannschaft mehren sich, es tauchen Vorschläge für alternative Taktiken und Systeme auf. Irgendwann lassen sich die internen Querelen nicht mehr durch lautstarke Dementis, Interviewverbote und vorsichtige Umgruppierungen abfangen, die Krise spitzt sich zu, bis es schließlich zum Trainer- und damit zum Paradigmenwechsel kommt.

Einem noch viel alltäglicheren Problem war Hans-Georg Gadamer, der in seiner Jugend noch mit Heidegger zusammen gespielt hatte, auf die Schliche gekommen. Der alte Trainerfuchs, den manche auch den Lothar Matthäus des Denksports nennen und der den jüngeren Ernst bald als Rekordnationalspieler abgelöst haben wird, hatte bemerkt, dass es bei vielen deutschen Nachwuchsspielern an den grundlegendsten Fertigkeiten der Ballbehandlung mangelt. Aus dieser bitteren Wahrheit entwickelte er seine Methode und begann mit der bundesweiten Einrichtung hermeneutischer Trainings-Zirkel, in denen ganz konsequent und ganz systematisch nichts anderes als Stoppen, Schauen und präzises Passen geübt wurde. Auf solchen Übungen aufbauend formulierte Gadamer eine Theorie, wie man die Intention des Gegners richtig erkennen und das Spiel als Ganzes lesen kann.

Doch nicht, dass jetzt ein falsches Bild entsteht. Natürlich gab es in der zweiten Hälfte des 20. Jahrhunderts nicht nur Schiris und Trainer, sondern auch herausragende Einzelspieler wie Johan Cruyff, Wolfgang Overath, Roberto Baggio, Jacques Derrida oder Zinedine Zidane. In diesem Zusammenhang muss natürlich auch Georg Lukács, der pfeilschnelle und dribbelstarke ungarische Linksaußen genannt werden, nicht zu verwechseln mit dem amerikanischen Superstar George Lucas, der dem FC Hollywood zu technischen Sternstunden verhalf. Als Spielführer und Nachfolger des legendären Ferenc Puskas, war Lukács 1956 an dem historisch gewordenen Relegationsspiel des ungarischen Nationalteams gegen das Kaderteam der KP beteiligt, das trotz Überzahlspiels und heroischen Einsatzes der ganzen Mannschaft letztlich verloren ging. In den westlichen Sportbeilagen, von der „Washington Post" bis zum „Bonner General-Anzeiger", wurde ganz offen davon gesprochen, dass der sowjetische Schiri, das Spiel mit Absicht „verpfiffen" habe.

Ein weiteres heroisches Vorbild der Jugend ist der aus der Frankfurter Fußballschule stammende Jürgen Habermas. In den 60er Jahren galt Habermas als knallharter, aber stets fairer Vorstopper, der im Stil eines Karl-Heinz Förster kompromisslos in alle Zweikämpfe ging. Und auch nach seiner aktiven Zeit sollte er keinem verbalen Schlagabtausch aus dem Weg gehen, besonders dann nicht, wenn es sich um Spiele gegen das Team seines Lieblingsgegners Charlie Popper handelte, dessen löchrige Abwehrreihen eine ziemlich „offene Gesellschaft" darstellten. Habermas selbst revitalisierte das Flügelspiel des alten Kalle Marx und setzte dabei auf junge Talente, von denen viele als echte Straßenfußballer begonnen hatten. Wie er es dabei versteht, seine Spieler zu motivieren und die gesamte Abwehr von der *coaching zone* aus zu dirigieren, ist immer wieder ein überzeugendes Beispiel für die von ihm entwickelte Taktik des kommunikativen Handelns.

Wenn es um Kommunikation auf dem Spielfeld geht, muss auch an den gefürchteten kanadischen Torjäger „Marshall" (so genannt wegen seines strammen Schusses) McLuhan erinnert werden, der auf die Frage, ob er glaube, dass seine Mannschaft nun Meister werde, lakonisch antwortete, man solle sich den Rest der Saison im Pay-TV anschauen, dann wisse man, was seine *message* wäre.

Schließlich gibt es da noch so virtuose Dribbelkünstler, wie Paul Feyerabend, Jay-Jay Okocha oder Peter Sloterdijk, die selbst erfahrene Bundesligaverteidiger immer wieder mit neuen Tricks und Varianten überraschen und so manches traditionelle Spielsystem ganz schön durcheinanderwirbeln. Manche werfen ihnen vor, dass es ihnen an mannschaftlicher Disziplin und Geschlossenheit mangele. Aber letztlich ist das vielleicht gar nicht wichtig, zumindest solange es so viel Spaß macht, ihnen bei ihren schnellen Antritten, ansatzlos geschlagenen Traumpässen und waghalsigen Flugkopfbällen zuzuschauen.

In den letzten Jahren ist dann auch immer mehr von „postmoderner Spielkunst" (nach dem Vorbild des französischen Sprach-Spielmachers Jean-François Lyotard), dem „Primat des Unterhaltungswertes" und der „technologischen Revolution" des Spielsystems die Rede, was traditionell geschulte Trainer wie Neil Postman zu der Klage veranlasste, der Fußball verkomme zu einem unterhaltsamen Pseudo-Ereignis. Manche, zum Beispiel Marvin Minsky vom MIT-Trainingscenter, gehen sogar so weit, die Substitution der menschlichen Spieler durch hochintelligente Fußballroboter zu prophezeien. Walter Benjamin hätte hier wohl von einem „Verlust der Aura" im Zeitalter der technischen Reproduzierbarkeit der Fußballkunst gesprochen. Und wieder andere schwärmen gleich ganz offen von der Abschaffung des ganzen unappetitlichen Geschwitzes auf matschigem Rasen zugunsten einer hübschen, am häuslichen Multimedia-PC beliebig abrufbaren virtuellen Fußballwelt. In dieser „Schönen Neuen Welt" hat sich die Frage, ob „Schwalbe" oder nicht, dann auch endgültig erledigt, da eh keinen mehr interessiert was nun „Realität" – welch altmodisches, metaphysisch diskreditiertes Unwort! – und was „Fiktion" ist.

Aber seien wir doch mal ehrlich: Was ist die schönste Flanke im Cyberspace, was der glänzendste Sieg bei einer virtuellen Web-WM, verglichen mit einem der frechen, unwiderstehlichen Dribblings von Pierre Littbarski, einem mit letztem Einsatz erzielten Treffer von Karl-Heinz Rummenigge (wie damals '82 in der Verlängerung gegen Frankreich) oder einer jener unvergessenen Torjubelszenen mit Rudi Völler und Jürgen Klinsmann?

XII. Nach dem Schlusspfiff

DOCH GANZ AM ENDE, wenn das Stadion längst leer ist und nur noch ein vom Winde verwehtes Gemenge aus Pappbechern, Zeitungsschnipseln und zermanschten Pommestüten daran erinnert, dass hier einmal für 90 Minuten der Mittelpunkt der Welt war, dass hier noch vor kurzem Zehntausende gelitten, gehofft, gejubelt und gefeiert haben; wenn sich diese melancholische Stille, wie ein ferner Hauch von Ewigkeit über die verlassenen Gänge und verwaisten Parkplätze legt – dann, ja dann ist jeder ganz allein mit der großen Frage, der entscheidenden Frage, der Frage aller Fragen, die jeden, der je einen Fußballplatz betreten hat, im Innersten bewegt und immer bewegen wird: War das Tor von Wembley nun drin oder nicht?

Und wer jetzt glaubt, die Antwort zu wissen, dem sei gesagt: Manche Fragen sind nicht dazu da um beantwortet, sondern um gestellt zu werden.

Bibliographie:

Diese Zusammenstellung wurde mit dem Ziel unternommen, dem an weiterführenden Informationen Interessierten eine erste Orientierung auf dem weiten Feld der Fußball- bzw. Philosophieliteratur zu geben, und erhebt keinesfalls Anspruch auf Vollständigkeit. Mein Dank gilt an dieser Stelle dem renommierten Leiter der Stephan-Geiger-Handbibliothek Herrn Hugo Kreutzbein-Karpel, der sich der mühsamen Aufgabe einer gewissenhaften Autopsie und Kommentierung aller genannten Titel unterzogen hat. Aufgenommen wurden hauptsächlich solche Werke, die in guten Fachbibliotheken in der Regel vorhanden bzw. noch über den Buchhandel erhältlich sind.

Wichtige Quellen:

Diels, Hermann: *Die Fragmente der Vorsokratiker*, Band I-III, 5.-10. Auflage herausgegeben von Walter Kranz, Berlin 1934-1958. [Bis heute grundlegende Sammlung der wichtigsten Trainer- und Spielerstimmen des 20. und 21. vorbrasilianischen Jahrhunderts.]

Fassbender, Heribert: *Gesammelte Werke, Bd. 9/5 (HFGA), Europameisterschaft 1996, Italien-Deutschland,* Komplett transkribiert, mit Fußnoten und Anmerkungen textkritisch erschlossen von Jürgen Roth und Wolfgang Herrndorf, Essen 1998. [Vorbildliche Ausgabe, leider liegen immer noch nicht alle vorgesehenen 45 Bände vor – schade, schade!]

Hoffmann, Alfons (Hrsg): *Immanuel Kant. Ein Lebensbild nach Darstellungen der Zeitgenossen Jachmann, Borowski, Wasianski,* Halle a. S. 1902. [Drei alte Herren aus dem Königsberger Vereinsheim erzählen vom Leben des weltberühmten aber medienscheuen Startrainers.]

Maibohm/Maegerlein: *Sepp Herberger – Fußball sein Leben. Herbergers Leben mit und für den Fußball.* Mit einem Vorwort von Toni Turek, Frankfurt a. M. 1973.

Platon: *Phaidon.* Übersetzt und erläutert von Otto Apelt, 3. Aufl., Leipzig 1923. [Platon verbreitet in dieser leicht tendenziösen Sokrates-Biographie als erster die sogenannte „Schierling-Story". Trotz dieses gravierenden Mangels bis heute durchaus lesenswert. Vgl. die Rezension von Aristophanes in: *Wolken – das endgültige attische Satiremagazin*, 11. Jg. Nr. 423, S.385-445.]

Uderzo, Albert/Goscinny, René. (Hrsg): *Astérix aux jeux olympiques.* Illustrierter Codex aus dem späten 1. Jahrh. v. C., Textkritische Bearbeitung und Übersetzung aus dem Lateinischen ins Französische durch René Goscinny, wissenschaftliche Bearbeitung der Illustrationen durch Albert Uderzo, Paris 1968. [Diese äußerst bedeutsame Quelle enthält den einzigen authentischen Bericht über den prominentesten Dopingfall im antiken Leistungssport. Vertiefend dazu: Weitzmann, Kurt: *Illustrations in roll and codex. A study of origin and method of text illustration*, Princeton, N. J. 1947 sowie den Eintrag „Hellanodiken" in: *Das große Asterix-Lexikon*, hrsg. von Adolf Kabatek und Detlef Schmid, Band 1, Asterix von A-K, Stuttgart 1990.]

Nachschlagewerke und Hilfsmittel:

Crisfield, Deborah and Agoos, Jeff: *The Complete Idiot's Guide to Soccer*, Alpha Group, 1998. [Nach den Aussagen mancher Profis das sinn- und anspruchvollste Fußballlehrbuch weltweit.]

Gsella, Thomas/Roth, Jürgen: *So werde ich Heribert Fassbender. Grund- und Aufbauwortschatz Fußball-Deutsch*, Essen 1995. [Hören Sie nicht auf Ihren Deutschlehrer – der Pokal hat seine eigenen Gesetze und das Fußball-Deutsch seine eigenen Regeln.]

Huba, Karl-Heinz: *Fußball Weltgeschichte 1846 bis heute.* München 2000.

Lexikon der Fußball-Mythen, hrsg. von Christian Eichler, Frankfurt 2000. [Ergänzend dazu auch: Nestle, Wilhelm: *Vom Mythos zum Logos.* Stuttgart 1940 sowie: Blumenberg, Hans: *Arbeit am Mythos.* Frankfurt a. M. 1979.]

Lexicon Platonium, sive vocum Platonicarum index, hrsg. von F. Ast, Bde. I-III, Leipzig 1835-1838 (Nachdruck: Bonn, 1956) [Für echte Platon-Fans absolut unentbehrlich.]

Ein anschauliches (Hochglanz-)Bild von den Nationalteams der letzten Jahre vermitteln auch die *kicker*-Sonderhefte zu Welt- und Europameisterschaften.

Grundlegend:

Bauer, Gerhard: *blv coach – Fußball: Tackling,* München 2000. [Die finale „Zweikampf-Philosophie", die da lautet: „Indianer kennen keinen Schmerz – Fußballspieler zeigen ihn nicht!" erinnert noch stark an Hume.]

Ders.: *blv coach – Fußball: Dribbeln,* München 2000. [Die Direktive: „Dribbeln ja – verdribbeln nein!" lässt eine gewisse Annäherung an Kant erkennen.]

Ders.: *blv coach – Fußball: Torschuss,* München 2000. [Enthält die utilitaristische Trefferquotenstatistik beim Strafstoß und den gut gemeinten Rat: „Vermeide es, Strafstöße flach und platziert zu schießen".]

Cleese, John/Chapman, Graham/Gilliam, Terry u.a.: *Philosophie-Finale Deutschland –Griechenland (Liveübertragung der ARD vom 18.12.1972)* abgedruckt in: *Monty Python's Fliegender Zirkus. Sämtliche deutschen Shows (alle beide).* Mit vorgeschichtlichen Einführungen von Alfred Biolek und Thomas Woitkewitsch, Zürich 1998. [Die erste streng wissenschaftliche Aufarbeitung des Themas Philosophie und Fußball; bis heute ein eindrucksvolles Zeugnis britischen Forschergeistes.]

Geier, Manfred: *Fake. Leben in künstlichen Welten. Mythos, Literatur, Wissenschaft,* Reinbeck bei Hamburg 1999.

Kant, Immanuel: *Kritik der Urteilskraft.* (1.Aufl. 1790) hrsg. von Karl Vorländer. Mit einer Bibliographie von Heiner Klemme, Hamburg 1990. [Bestechend präzise Abhandlung über die Kunst vernünftiger Spielanalysen, auf die sich BILD-Kolumnisten und Fernseh-Kommentatoren gern als Vorbild berufen.]

Nietzsche, Friedrich: *Fröhliche Wissenschaft.* Mit einem Nachwort, einer Zeittafel zu Nietzsche, Anmerkungen und bibliographischen Hinweisen von Peter Pütz. 1999.

Pedes, B.: *Apopudobalia,* in: *Zeitschrift für Antike und Sport,* 4, 1995, S.1-19.

Pila, A.: *Apopudobalia*, in: Dersy. (Hrsg.) FS M. Sammer, 1994, S.322-348.

Ueberweg, Friedrich: *Grundriß der Geschichte der Philosophie* (1. Aufl. 1863-66), völlig neu bearbeitete Ausgabe, Basel 1983 ff.

Sekundärliteratur:

Allen, Woody: *Meine Philosophie*, in: *Wie du dir so ich mir*, (Amerikanische Originalausgabe: *Getting Even*, New York 1966), Hamburg 1980. [Darin findet sich jene berühmte Ausrede, die Profis, auf ihre schlechte Leistung angesprochen, immer wieder gern zitieren: „Mein Geist kann niemals meinen Körper erkennen, obgleich er mit meinen Beinen auf ziemlich freundschaftlichem Fuß steht."]

Baumgartner, Hans-Michael: *Der ‚Transzendental-Western' als Paradigma philosophischer Fragestellungen*, Vortrag im WS 1993/94 am Philosophischen Seminar der Universität Bonn, hrsg. von H.G. Hotho u. Reggie Nahpets, Bonn 2011.

Bausenwein, Christoph: *Vergnügen für Gentlemen – Fußball*, in: *Schneller, höher, weiter. Eine Geschichte des Sports*, hrsg. von Hans Sarkowicz. Frankfurt a. M. und Leipzig 1996.

Biermann, Christoph/Fuchs, Ulrich: *Der Ball ist rund, damit das Spiel die Richtung ändern kann. Wie moderner Fußball funktioniert*, Köln 1999. [Vgl. dazu die sehr fundierte Rezension von Francis Picabia und Rrose Sélavy in: *391*, 84. Jg., S.291-391.]

Bredekamp, Horst: *Florentiner Fußball: die Renaissance der Spiele. Calcio als Fest der Medici*, Berlin 2001.

Burckhardt, Jacob: *Der Cicerone. Eine Anleitung zum Genuss der Kunstwerke Italiens*. Neudruck der Urfassung, Stuttgart 1986.

Dräxler, Johannes/ Braun, Harald: *Kleine Philosophie der Passionen. Fußball*. München 1998.

Führer, Julian: *Fußball im ‚Neuen Pauly'*, in: *Forum Classicum*, 1, 1997, S.48.

90

Grüne, Hardy: *Geheuert, Gefeiert, Gefeuert. Die ersten 250 Trainerentlassungen der Bundesliga,* Kassel o. J. [Immer wieder spannend, lediglich als Nachttischlektüre für Bundesligatrainer gänzlich ungeeignet.]

Habermas, Jürgen: *Theorie und Praxis. Sozialphilosophische Studien,* Neuwied am Rhein und Berlin 1963. [Als Nachttischlektüre für Bundesligatrainer sehr gut geeignet. So können diese von der gelungenen Umsetzung Theorie-Praxis wenigstens einmal träumen.]

Heuter, Christoph: Kommt doch mal 'rüber zum WSV. Gesänge von Fußballfans. Anmerkungen zum Singverhalten der Fans des Wuppertaler Sportvereins WSV. in: Rheinisch-Westfälische Zeitschrift für Volkskunde 39, 1994, S.211-236.

Kant, Immanuel: *Über den Gemeinspruch: Das mag in der Theorie richtig sein, taugt aber nicht für die Praxis,* mit einer Einleitung hrsg. von Heiner Klemme, Hamburg 1992.

Krüger, Arnd: *Sport, Kommerzialisierung und Postmoderne am Beispiel der IOC, Inc.,* in: *Schneller, höher, weiter. Eine Geschichte des Sports,* hrsg. von Hans Sarkowicz. Frankfurt a. M. und Leipzig 1996.

Marbot, Sir Andrew: *Art and Life,* (1.Aufl. London 1834). Neu hrsg., übersetzt und eingeleitet von Wolfgang Hildesheimer, Frankfurt a. M. 1981.

Moritz, Rainer: *Immer auf Ballhöhe. Ein ABC der Befreiungsschläge.* München 1997.

Ders.: *Nudeln und Wildschweine. Anmerkungen über die Literaturfähigkeit des runden Leders oder warum es manchen Leuten genügt ein Spiel zu „lesen",* in: *DIE WELT* vom 14. August 1999, S.6.

Niersbach, Wolfgang/Michel, Rudi: *100 Jahre DFB. Die Geschichte des Deutschen Fußball-Bundes,* Berlin 1999.

Perryman, Mark: *1. FC Philosophie. Flach denken – hoch gewinnen.* Berlin 1998.

Postman, Neil: *Amusing Ourselves to Death. Public Discourse in the Age of Show Business,* New York 1985.

Ungerer, Klaus: *Als der Fußball nach Hause kam. Jahrhundertwerke des Fernsehens 9. Folge: Fischer und der Fußballgott, Deutschland – Frankreich 1982,* in: *Frankfurter Allgemeine Zeitung* vom 13.12.1999.

Weiler, Ingomar: *„Du sollst nicht in den Circus gehen". Sport bei den Römern,* in: *Schneller, höher, weiter. Eine Geschichte des Sports,* hrsg. von Hans Sarkowicz. Frankfurt a. M. und Leipzig 1996.

Werner, Jürgen: *Apopudobalia,* in: *Kleos, Estemporaneo di studi e testi sulla fortuna dell' antico,* Bd. 2 (1997), S. 255-264.

Wiplinger, Fridolin: *Physis und Logos. Zum Körperphänomen in seiner Bedeutung für den Ursprung der Metaphysik bei Aristoteles,* Freiburg i. B. 1971.

Wichtige Periodika:

Allgemeine Zeitschrift für Philosophie (AZP), hrsg. im Auftrag der Allgemeinen Gesellschaft für Philosophie in Deutschland e.V. (AGPD). [Einflussreiches Vereinsorgan, das vom „engeren Kreis" der Fußballexperten mit dem *DFB-Journal* verglichen wird.]

DFB-Journal. Das offizielle Magazin des Deutschen Fußball-Bundes, Erscheinungsweise: vierteljährlich.

Kant-Studien, Philosophische Zeitschrift der Kant-Gesellschaft. Erscheinungsweise: vierteljährlich. [Vormals „Zeitlupenstudien". Eines der ältesten und renommiertesten Organe des Denksports in Deutschland.]

kicker-Sportmagazin, Erscheinungsweise: wöchentlich mit Montags- und Donnerstags-Ausgabe. [Ein weiterer Klassiker unter den Fachzeitschriften; Fußball pur und Hintergrundinformationen schwarz auf weiß.]

Sport BILD, Erscheinungsweise: wöchentlich. [Fachkundiger Kommentar wird hier großgeschrieben; überdies ein Eldorado für alle Tabellenarithmetiker und Statistikfans.]

Personen-, Begriffs-, Ortsregister

N

O

DFB-Regel-Konkordanz

Die folgenden Konkordanzlisten setzen die Seitenzahlen der vorliegenden Arbeit (SF) mit den entsprechenden Seitenzahlen im offiziellen Fußball-Regelwerk des Deutschen Fußball-Bundes (DFB) in Korrelation. Dabei wurde die Ausgabe 2001/2002 zu Grunde gelegt.

SF	DFB		DFB	SF
21	29 (R9)		R1	55
21	25 (R7)		R2	23
22	12 (R3)		R3	22
22	18 (R5)			61
23	10 (R2)		R4	38
23	42 (R13)			73
28	35 (R12)		R5	22
29	37 (R12)			79
38	16 (R4)		R6	51
40	55 (R17)		R7	21
40	45 (R14)			77
44	49 (R15)		R8	48
45	33 (R11)		R9	21
47	35 (R12)		R10	60
48	27 (R8)			71
50	42 (R13)			85
51	23 (R6)		R11	45
51	54 (R17)			56
55	4 (R1)		R12	28
56	57 (R11)			29
59	37 (R12)			47
60	31 (R10)			59
61	12 (R3)			69

SF	DFB	DFB	SF
67	46 (R14)	R12	75
69	40 (R12)		78
71	31 (R10)	R13	23
73	16 (R4)		50
75	35 (R12)	R14	40
77	26 (R7)		67
78	39 (R12)	R15	44
79	18 (R5)	R17	40
85	31 (R10)		51